KB211118

오늘, 은혜

그리운 나의 아버지

한장연 권사님께

이 책을 바칩니다

(1943~2017)

오늘, 은혜

일상에 꽉 찬
하나님 은혜를 보는 눈

한웅재 글 · 사진

헤르몬

프롤로그

글을 쓴다는 것은, 마치 그물을 던지는 일과 비슷합니다.

한번 왔다가 언제 어디로 사라져버릴지 모르는

마음속 생각들을 채집해 종이 위에 가두어두는 일이지요.

천성적으로 생각이 많은 나에게

이런 글 쓰는 취미는 여러 면에서 유익을 주었습니다.

글을 쓸 때 나는 그리고 내 안의 수많은 감정과 궁리들은

어느새 지면으로 번져 갑니다.

그렇게 뭔가를 쓰기 시작하면

나는 내 밖으로 건너가 있는

나를 발견하고

관찰하고

그 모습 그대로 토닥일 수 있게 됩니다.

한 장의 음반을 채울 곡이 지어지는 동안
가붓하게나마 책 한 권 엮을 수 있는 사유와 글들을
모아보자 마음먹었습니다.

그 결과물로 《내가 노래하듯이 또 내가 얘기하듯이》 그리고
《일상, 위로》라는 두 권의 책이 나왔습니다.
이제 여전히 부끄럽지만 세 번째 책이 여기 있습니다.
"오늘, 은혜"

십자가에 매달리신 그 검붉은 예수님과의 대화. …
그 십자가를 지고 오르시다 주저앉아
다시 한번 결심하고
자신을 언덕 위로 밀어 올리시는 주님의 마음. …

덥디 덥던 그날, 훌쩍 저기 하늘나라로 떠나버리신 아버지. …
늘 한계를 만나고 그 속에 머무르며
그저 그런 달콤함에 취해 있으려 하는 나 자신. …
바로 곁에 나란히 길을 걸으며
사람 냄새를 풍기시던 주님에 대한 기억. …

이런 생각들이 알알이 모여 노래가 되었습니다.
그 모든 이야기가 만나는
하나의 지점이자 진액 같은 것이
바로 '은혜'였습니다.
무슨 커다란 의미를 부여한, 추상적인 뜻이 아닌
그저 소소하게 내가 살아가는 일,
그 손에 닿을 만한 거리에 있는 은혜.

지난 몇 년을
그 은혜로 숨 쉬며, 그 은혜 안에 잠겨 살았습니다.
그리고 그 증거들이 한 편 한 편 길고 짧은 글로 남았습니다.
지금의 나와 수년간의 나를
말해주는 결정적인 증거들입니다.
그것은 나의 고민이기도 했고 실패와 성취이기도 했으며
또 나의 한계요, 나의 가능성이기도 했습니다.

오롯이 나 자신의 이야기일 뿐인 이 글들을
왜 굳이 책으로 엮어야 하는가,
그럴 만한 가치가 있는가, 라는 질문 앞에 서보았습니다.

글쎄요, 답은 모르겠습니다.
다만 저만치 있는 또 다른 '나'들이 내 이야기와 함께
공감하고 함께 진동해주기를 조심스럽게 바랄 뿐입니다.

어쩌면 곡을 쓰고 노래하는 행위조차도
일종의 글쓰기일지도 모른다는 생각도 들었습니다.

바라기는 내 마음에 있던 작은 글들이 그렇게 여러분 마음과 닿아
함께 진동하는 모습을 떠올려봅니다.
우리 모두, 바로 오늘을 은혜로 사는 사람들이니까요.

한웅재였습니다.

LOVE

차례

1장

은혜는 흔적을 남긴다

만나고 헤어진 모든 일

봄 여름 가을과 또 겨울

생각해보면 다 주의 은혜야

늘 작기만 한 나를 위한.

하나님의 크기

우리가 지금 느끼고 있는
하나님의 크기는 매우 중요하단다.
그 크기에 따라 많은 것의 크기가 정해지거든.

나의 크기와 세상의 크기
두려움의 크기와 절망의 크기
아픔의 크기와 희망의 크기
악의 크기와 선의 크기
강한 것들의 크기와 또 약한 것들의 크기
오늘의 크기와 인생의 크기….

우리가 지금 느끼고 있는
하나님의 크기는
그렇게 많은 것의 크기를 결정한단다.

마주한 홍해

마주한 홍해,
사람들에게 그곳은
끝을 의미했고
하나님에게는
시작을 의미했다.

그리움을 다루는 방식

내 마음대로 안 되는 것이 그리움이다.
그것이 어디서부터 오는지
또 어디쯤에서 사라지는지
알지 못하기 때문이다.

그리워하고 싶어
그리워지는 것도 아니고
그리워하지 말자고 해서
그대로 되지도 않는 것이 또한 그리움이다.

그런데 바로 무엇을 그리워하고 있는가가
우리 사는 일에서 참 중요한 대목이다.
그것은 넘어짐과 일어섬을 좌우하고
낭패와 성공을 가르기도 하며
때로는 사는 일과 죽는 일로도 이어져 있다.

그러니 이것도 연습이 필요하다.
생각대로 되지 않으니
훈련에 훈련을 거듭해야 하는 것처럼

내 속에 있는 그리움을 마음대로 다룰 수 없으니
평생을 들여 한 점 한 점 배워가고
터득해가야 할 일이겠다.

그리움이 변하는 것,
그것이야말로 진정한 변화이고
그리워하는 것이 바뀌는 것,
그것이야말로 기적이지 않고 무엇이겠는가.
나의 가능성이란 게
바로 그 그리움과 적잖이 이어져 있으니 말이다.

"그리움이 변하는 것,

그것이야말로 진정한 변화이고

그리워하는 것이 바뀌는 것,

그것이야말로 기적이지 않고 무엇이겠는가."

일상이 모이면

일상(日常)이 모이면

그게 일생(一生)인 거야.

그러니 일생을 살리려거든

일상을 구해내야 하지.

일상, 은혜

창가에 내리는 햇살도
내 곁에 새로 온 오늘도
생각해보면 다 주의 은혜지
늘 작기만 한 나를 위한.

조금씩 커가는 아이도
갓 지은 고슬한 밥상도
생각할수록 다 주의 은혜야
늘 부족한 우리를 향한.

누군가 그렇게 날 기다린 거고
또 내게 기울여준 거지
내 안에 묵상과 모든 말들이
오늘도 주님을 향할 때.

만나고 헤어진 모든 일
봄 여름 가을과 또 겨울
생각해보면 다 주의 은혜야
늘 작기만 한 나를 위한.

누군가를 그렇게 기다려줘야 해
또 귀 기울여줘야 하지
내 안에 묵상과 모든 말들이
오늘도 주님을 향할 때.

얼마 전 잘 안된 그 일도
방금 전 새로 쓴 노래도
생각할수록 다 주의 은혜야
늘 부족한 우리를 향한.

음….
몇 장쯤 읽어본 새 책도
음….

기복(起福)

복 없어도 살 것처럼 말하지 말거라.
복 없이 이 거친 세상을 어찌 살 수 있겠느냐.
복은 필요하단다.
그것도 매우.

다만 그 복을 앞으로 받게 될 무언가로 읽지 말거라.
지금 내게 있는 것에서 무언가 더해지는 것,
물론 그것도 포함하지만
복을 그렇게만 읽으면
그것 자체가 생의 수많은 것을 일그러지게 한단다.

"그러면 복은 무엇입니까?"

그것은 네가 이미 받은 것을 바로 읽는 마음이지.
가령 네 주변에 사랑하는 사람들을 보거라.
그들 모두가 네 힘으로 얻어진 게 아니라는
깨달음이 서는 것, 그것이 바로 복이다.

네 아내가 그분이 주신 선물로 느껴지는 것,
작고 초라할지 몰라도 너의 재능이
은총이라는 뭉클함으로 읽히기 시작하는 것,
그것이 바로 복이고 그 복이 네 앞을 비추게 해야 한단다.

그와 같은 마음이 생을 비추는 사람은
후에 일이 어떠할지 물을 필요도 없다.
복은 미래를 향한 염원이기 훨씬 이전에
현재를 보는 눈이기 때문이지.

그렇더라

시린 어려움이 차곡차곡 산 같아도
작은 감동이 그 산들을 흩어내더라.

흩어낸 자리에 작은 길, 살길 만들더라.
사람은 그렇더라.

지름길이 보이거든

살다가 우연히
지름길 같은 것을 발견하거든
거기 서서 두세 번 스스로 물어보아라.

이 길이 나에게서 과정을 빼앗아가진 않을지.
지름길은
안달과 두려움이
그려낸 허상일 뿐일 때가 많으니.

사랑은 길이니

사랑은 길이다.
제일 귀한 율법은 사랑이라 말씀하셨던 그분은
그 사랑 때문에
저기 위에서 못 박혀 죽으셨고
다시 사셔서 우리네 가슴 그 속에 사랑으로 거하신다.

사랑은 길이다.
그분이 오시는 길.
아픔의 조선 땅을 사랑했던 벽안(碧眼)의 사람들과 함께
예수는 이 땅을 밟으셨고
우리네 할아버지들과 그 할아버지의 할아버지들의
마음에 다가오셨다.

사랑은 길이다.
그분이 가시는 길.
우리가 받은 사랑의 길로 걸어오신
그 못 박힌 두 발은
우리가 전해주는 사랑을 통해
저리로 건너가실 테니.

다른 마음으로 전하는 복음이 있거든

새까맣게 태워주시기를.

우리네 가진 욕심과 여러 색의 탐욕을 감추시고

그저 처음 받았던 그 사랑으로

예수께서 편히 다니시도록.

그 귀한 발 지나시도록.

사랑은 길이니.

_미얀마에서

다시 일어서다 _ 세 번 쓰러지신 후에

난 이 일의 끝을 알고
그 끝이, 끝이 아님도 알아
말라붙은 마음들 사이에서.

햇빛은 이글거리고
길은 저 위로 기울고
끈적거리는 절망은
야비한 웃음을 웃지.

아무것도 모르고 있는
저 텅 빈 노여움 사이로
나는 다시 이 길을 선택한다.

무릎이 무너지기 전에
길이 끊어져 내리기 전에
어쩌면 언덕 위에선
잠시 쉴 수 있겠지.

돌아서진 않는다.

내 아버지 가슴에
그 아픔 내 속에 일렁거려
손과 발로 버티며
알 수 없는 그 용서와 사랑 흘러가도록.

저기 언덕도 아니고
그 위에 푸른 하늘도 아냐
닫힌 무덤 속 어둠은 더욱 아니지.

끝은 오직 그분의 단어.
다만 다음 한 걸음만이
내가 할 수 있는 일.
오직 할 수 있는 일.

돌아서지 않는다.
내 아버지 가슴에
그 아픔 내 속에 일렁거릴 때
손과 발로 버티며
알 수 없는 그 용서와 사랑 흘러가도록.

돌아서진 않겠다.

모든 것이 달려들어

나를 뚫고 지나가는 동안에

몸과 물로 버티다 나를 끊어

그 끊어진 길 다시 이어지도록.

전혀 다른 이야기

진리를 만났다는 것과
만난 진리를 향해 자신을 던진다는 것은
전혀 다른 이야기다.

전자는 나를 포함해 지천이고
후자는 찾아보기 쉽지 않다.
전자는 수면 위에 부유하며 번들거리고
후자는 자신을 깊이 숨기기 때문일 테다.

그랬었지

여보게 친구,

그대 주변에는

어찌 그리 훌륭한 이들이 많은가.

그래, 맞아.

그대가 훌륭한 사람이었지.

그랬었지.

복음의 추억

그리스도인으로서 위기를 겪던
나의 청년기에
기회처럼 다가온 선생들이 있었다.

그분들을 이야기하자면,
그들은 복음이 무엇인지
내가 도저히 피해 갈 수 없을 정도로
압도적이며 빼곡하게 설명해줄 수 있는
그런 사람들이…
아니었다.

오히려
설명은 좀 부족할지언정
복음을 들은 사람,
예수를 아는 사람들은
그냥 닥쳐와 하루하루 반복되는
일상을 어떻게 대해야 할지
보여준 사람들이었다.

좋은 본이 되는 것은

그야말로

그리고 그 자체로 사역이다.

그 기억들은 아직도

내 삶을 꼬집고 흔든다.

스무 해가 족히 넘었는데도.

덧셈과 뺄셈

지식은 거의 더하는 문제와 관련되어 있고
지혜는 거의 빼는 문제와 관련되어 있더라.

그래서 지식은 덧셈이요
지혜는 뺄셈이라지.

생각할수록 그 말 참 맞는 말이야.
당장 내 주변만 살펴봐도
사람이 불행해지는 것은
실상 덧셈에 실패해서라기보다
뺄셈에 실패해서인 듯하더라.

내 인생에서 지금은 뺄셈이 필요한 때임을
알아차리는 감각이 바로 지혜이겠고
그것을 실천해내는 것이 또한 용기가 아닐는지.

그 지혜와 용기를 합친 단어가
건강한 의미로서의 믿음이 아닐까 싶어.

다른 사람이

다른 사람이 보이는 사람은
더 힘들 수밖에 없는 거란다.

다른 사람을 보는 일은
곧 그들이 가진 아픔도 보게 되는 일이니까.

돌아 나오다

작디작은 것을 하나 손에 쥐었더니
글쎄 그게 부풀어 올라서는 점점 커지더라.
잡은 손이 달콤하기도 하고 묘한 것이
이걸 잃어버리면 나는 어쩌나 싶더라.
조바심에 보고 또 보고, 보고 또 보고….

어느 날 갑자기 내가 이것을 쥔 건지
이것이 나를 쥔 건지 괘씸한 마음 들어
바닥으로 툭 하고 던져보니
아니, 이게 너무 작은 것 아니겠어?
너무… 작더라고.
너무 말이야.

그래서 그냥 휙 돌아 나왔어.

날마다 만나는 경이

찾으러 나서본 적 없고
얻으려고 안달 같은 것을 해본 일 없어도
아침은 저절로 내게 와서는
날[日]을 건네줍니다.

생각해보니 숨입니다.
오늘도 쉬는 나의 숨이 있으니
그 숨으로 아침이 찾아온 것이고
아침이 찾아오니 날이 온 것이네요.

새삼스런 일들,
그 조각조각에 적혀 있는
신비와 경이에 감사하렵니다.

숨, 날, 아침…
같은 것들에 말입니다.

하루를 받다

사방이 어둑한 게 홀로이기 좋습니다.
아직 이른 새벽이니 마주 앉기 좋습니다.
고요하고 고요하니 기울이기 좋습니다.
이렇게 하루를 받습니다.
방벽에 아침이 번져 흐르기도 전에.

별

어린 시절 그 많던 별들은
모두들 어디로 갔는가 했는데
인레의 밤길에 나오니
모두들 거기 모여 있더라.

하늘로부터 쏟아져 내리는
어린 시절 그대로의 장관을 보고 있자니
고개 들어 밤하늘만 바라보아도

내가 여기 있느니라
겸손하라 찬양하여라

이르시는 그분의 음성 천지더라.

_미얀마 인레 호수 위에서

아버지가 부자시오?

이른 귀갓길, 단지 앞 계단에서
유모차에 의지해 운동 나오신
할머니 한 분을 뵈었다.

지나다니며 서너 번 먼저 인사를 드렸더니
"아이고 고맙습니다" 하고 답례하셨던 분이다.
많이 연로하셔서 분명치는 않지만
"아이고 고맙습니다. 감사합니다"라고 하신 게 분명했다.

그런데 그 할머니께서
오늘은 나를 향해 엄지를 치켜세우시며
먼저 말을 건네신다.

"그거 치다 오오?"
내 오른손에 들린 기타를 보시고 하신 말씀이다.
"네"라고 답했다.
그런데 또 물어오신다.
"어찌 그리 돈을 많이 벌었소?"
좀 당황스러워 들어가는 소리로 답을 했다.

"네?"

"어찌 돈을 많이 벌어 그리 여기저기를 돌아다니오?"

"아이고, 그렇지 않습니다. 어르신."

"아버지가 부자시오?"

"아니요, 할머니. 그렇지 않습니다."

좀 당황스러워 눈인사를 하고 자리를 떴다.

나의 대답과는 상관없이 할머니는 내 뒤에서
이렇게 말씀하셨다.

"아버지가 부자시구나. 아버지가 부자셔.
아니면 어찌 그걸 치며 다니오."

엘리베이터를 타고 오르는데
순간 가슴이 쿵 하고 내려앉는다.
그래, 우리 아버지 부자시지.
천지를 지으신 분이신데.
그래서 내가 사는 건데.
그래서 내가 노래하는 건데.
감동이다.

사람들의 마음은

사람들의 마음은
차오른 둑과 같아서
내 눈물 한 방울 더해지면
이내 차서 흘러넘치지.

사람들의 마음은
차오른 둑과 같아서.

공감

내가 여전히 노래하고 이야기할 수 있는
중요한 이유 중 하나는
사람들이 들어주기 때문입니다.

사람들 앞에 서는 세월이
거듭될수록 더욱 확실해집니다.

청중을 만나다 보면
대부분 호의적이지만
간혹 그렇지 않을 때도 있습니다.
전혀 들을 마음이 없는 이들 말입니다.

자꾸 사람들 앞에 서다 보면
그리고 내 말에 귀 기울이는 것을 보면,
더 나아가 칭찬으로까지 이어지면
착각하기 쉽습니다.
내 말이나 노래가 정말 들을 만하고
참 괜찮은가 보다 하고 말입니다.

하지만
무관심한 혹은 심지어 적대적인 청중 앞에
서보면 곧 알게 됩니다.
들어주지 않는다면, 들을 마음이 없다면,
내 이야기나 노래는 얼마나 무기력한지.

간혹 설교나 노래를 마치고 나면
자신이 참 초라하게 느껴질 때가 있습니다.
잘하고 못하고 기준을 세울 수는 없지만,
뭔가 서로 통하지 않았다는 그런 느낌이 서는 날이 있습니다.
이전에는 이런 일로 며칠을 고민하곤 했습니다.

그런데 요즘은 그렇지 않습니다.
"원래 그게 너야."
이렇게 생각하니 마음이 편해졌기 때문입니다.
다행입니다.
내 말이나 노래는 본래 별것 아닐 텐데
사람들이 마음을 열고 들어주고 공감해주고
함께해주는 것입니다.

오늘 정말 좋았어요…
소위, 은혜받았어요 하는 말을 들을 때면
속으로 이렇게 생각합니다.
'좋은 마음을 준비해서 오셨군요.
은혜받을 마음이 있으셨기 때문일 겁니다.'

오히려 그렇게 생각하면 일이 훨씬 쉬워집니다.
뭐랄까… 라켓이나 배트를 돌리는 선수의
어깨가 가벼워야 더 정교하고
강한 임팩트가 생기는 것처럼
헛심을 빼는 거라고 할까요.

어린 시절,
작은 돌멩이나 막대기 하나로도
아니, 땅 위에 선만 그어놓았어도
신나고 재미있게 놀 수 있었던 것은
함께 놀려고 나온 친구와
함께 뛰놀 수 있던 터,
속 걱정 적던 동심 덕분이었을 것입니다.

이렇듯 내 안의 작은 돌멩이나
막대기 같은 것으로도
함께 공감하고 즐거워할 수 있는 것은
들을 마음을 준비하고 온 사람들과
그 터를 마련하신 그분이 계셨기
때문이겠지요.

고마운 일입니다.
아주 고마운 일입니다.

이것 하나만 잘해도

아이의 일에 간섭하지 않으면서
한편 아이의 충실한 보호자가 되는 일,
이것 하나만 잘할 수 있어도
세상을 향한 적잖은 부조겠다.

정말이지
지혜는 줄타기 같은 것이다.
치우치지 않는 그 묘한 균형점을 온몸으로 감지하는 동시에
한 발 한 발 앞을 향해 걸어가야 하니 말이다.

그러니 주님을 찾을 수밖에.
웅얼웅얼 그 이름을 부를 수밖에.

다 잃어버렸다고 생각들 때

사는 풍경도 계절을 닮아
오르고 또 내리는 거야.

징글징글하게 덥다가도
시원한 바람 불어주기 마련이고
세상이 싹 다 하얗다가도
어느새 푸름으로 덮이곤 하니깐.

이제 가면
다시는 안 올 것 같은 행복한 순간에도
때론 심드렁해지고

이리 멋대가리 없이 반복만 되쌓나 싶다가도
간절함이 되는 거지.

이게 다 무슨 소용인가 하는 생각이
수시로 들 텐데…
다 잃어버려도 한 가지만은 기억해.

늘 소중한 거는 있다는 걸.
그럼 그 소중한 것들이
널 더 소중하게 만들어줄 거거든.

로블랜드

한 평 반 남짓한 그들의 공간에는 늘 나름의 생기가 은근하다.
서너 명의 청년이 운신하기에는
분명 마땅하지 않음에도
답답해 보이지 않고 나름의 조화 같은 것이 느껴진다.
우리 동네 작은 커피집 이야기다.

젊은 청년들이 끓여 내는 커피에는 꼼수 같은 것이 없다.
정해진 양의 재료만으로 장사해서
어느 날은 그냥 발길을 돌려야 할 때도 있다.
그만큼 작은 공간이 커피 향과 사람들로 가득하다.

큰길과는 거리가 있는,
말 그대로 동네 좁은 길 한편에 문을 연 커피집.
정직하고 정성 담긴 한 잔은 입안에 닿으면 사르르 퍼져 나간다.

고작 한 잔의 커피지만
그 그윽함이 재미있고
왠지 매일 들러 그네들을 응원하고 싶고
그 빼곡함을 배우고도 싶어 습관처럼 찾게 된다.

우직할 수 있으면

꼭 대로가 아니어도 좋다.

청년들이 오늘도 이 아저씨에게 가르쳐준다.

그냥

아멘 하라고 이야기할 것 없다.

그냥 아멘 할 만한 이야기를

하고 있는지만 돌아보라.

존경하다

누군가를 존경하고 있다는 것은
여전히 저기 어딘가가 반짝거린다는 뜻이란다.
저기 어딘가가 여전히 반짝거린다는 말은
길을 잃지 않을 수 있다는 말이겠고
혹 길을 잃더라도 돌이킬 수 있다는 의미도 되겠지.

그러니 누군가를 존경한다는 말은
아직 희망을 버리지 않았다는 뜻과도 닿아 있을 거다.
반대로 지금 아무도 존경하지 않고 있다면
그것만으로도 충분한 위기라 할 수 있겠다.

옷을 팔아서라도 책을 사란 말이 있지?
존경할 만한 누군가도 마찬가지다.
그러니 기도해야 한다.
누군가를 마음으로 존경할 수 있도록.
여전히 저기 어딘가가 반짝거릴 수 있도록.

"그렇게 우린 서로 지나치며

너는 나에게 나는 너에게

나와 너를 남겨두게 되는 거야."

흔적을 어떻게 다룰까

누구나 서로에게 흔적으로 남겨진단다.
이건 실상 자기 의지와는 별 상관이 없는 거지.
그렇게 우린 서로 지나치며
너는 나에게 나는 너에게
나와 너를 남겨두게 되는 거야.

사랑, 상처, 기쁨, 아픔, 증오, 권태, 망각….

그런데 사실 흔적은 일종의 자국일 뿐이고
남겨진 그것을 어떻게 다루느냐에 따라
거기 쌓인 흔적들은 독이 되기도 하고 약이 되기도 하는데,
우리 모두 이런 일에 익숙하지 않아
세월이 지날수록 기억 속에 독이 쌓이는 걸 거야.

잘 기억하거라.
산다는 일은 독을 약으로 만들든지
약을 독으로 만들어가는 과정이란다.

이 일들을 모두 겪고 나서

이 일들을 모두 겪고 나서
나는 더 좁은 사람이 되던지
혹은 더 넓은 이가 될 테지.

부디 후자였으면 좋겠네
정말, 그랬으면 좋겠어.

이 모든 일을 겪은 후에
나는 더 좁은 사람이 되던지
혹은 더 넓은 이가 될 테니.

2장

그때도 견뎠는데…

나중에는 행복해질 거라는 말에

속지 말거라.

지금을 행복으로 읽어낼 줄 모르면

나중 일도 뻔할 테니.

곤한 빈손을 아시는 분

일은 잘될 때도 있는 거고
영 그렇지 않을 때도 있는 거야.

그러니 일이 잘 풀린다고 해서
호들갑 떨 필요도 없고
그렇지 않다고 해서 시무룩할 필요는 더더욱 없지.

우리 모두 다 성공과 실패라는
그 묘한 성분들이 어지러이 섞인 생을
저리 건너며 살아가는 거니까.

밤새 물질을 했건만 고기라곤 한 마리도 없었다고?
괜찮아, 강가에 예수님이 기다리고 계셔.
곤한 빈손이 무언지 아시는 그 어른이 말이지.

"우리 모두 다 성공과 실패라는
그 묘한 성분들이 어지러이 섞인 생을
저리 건너며 살아가는 거니까."

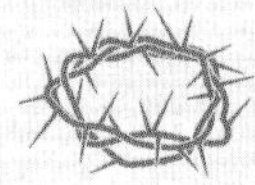

"예수께서 신 포도주를 받으신 후에 이르시되

다 이루었다 하시고 머리를 숙이니 영혼이 떠나가시니라"

요 19:30

진짜 시작은 이제부터

이젠 됐다.

저 나사렛에서 온 위인을 우리에게서 떼어냈다.

그를 십자가에 달았으니 그의 언행도 그의 존재도

이제는 우리 곁에서 저만치로 멀어졌다.

언뜻 그들의 생각은 틀림이 없었다.

저기 골고다라는 언덕 나무 위

꿈틀거리는 검붉든 육신이 바로 그 예수였으니까.

이제 몇 조각 남지 않은 그의 호흡과 함께

그 불쾌하기 그지없던 사내 이야기도 끝이 나겠거니.

예수만은 알고 계셨다.

실은 진짜 시작은 이제부터라는 것을.

최후의 육신이 세 개의 장못에 매달려

눌러 내리는 중력을 견뎌내고 있는

이 쓰린 나무 위가 결코 끝이 아니라는 것을.

나무와 살과 뼈, 그 사이 빼곡하게 박혀 있는 고통과

검붉은 비린내 그리고 차오르는 숨이

오히려 새로운 역사의 전조라는 것을 말이다.

우리에게서 나사렛 사람을 떼어냈다며 안도하는
예루살렘의 마른 들판 위에
예수는 또 다른 모습으로 서 계셨던 것이다.

들판처럼 흔들거리는 그들의 가슴을 지나고
텅 빈 허공을 지나고
때 묻은 옷섶을 지나고
타는 듯한 목마름을 지나고
선득한 외로움을 지나고
초점 잃은 정오를 지나고
또 흘러내리는 눈물 사이를 지나고
그 눈물이 내려가 떨어지는 벗은 발들
그 사이 사이를 지나고 계셨다.

진짜 시작은 이제부터였다.
진짜 시작은….

_주님 죽으신 금요일을 보내며

지금 행복하기

나중에는 행복해질 거라는 말에
속지 말거라.
지금을 행복으로 읽어낼 줄 모르면
나중 일도 뻔할 테니.

돌아가도 괜찮다

물은 흘러가기로 마음먹었고
땅은 그런 그에게 길을 내어주었다.

돌아가도 괜찮다.
그래, 돌아가도 괜찮아.

굽어가니 느릴 테고
굽어가니 멀겠지만

굽어가니 부드럽고
굽어가니 멀리갈 수 있을 거다.

돌아가도 괜찮다.
그래, 좀 돌아가도 괜찮아.

"돌아가도 괜찮다.

그래, 좀 돌아가도 괜찮아."

그때도 견뎠는데…

문득 채널을 넘기다 보게 된
드라마 안에
깨알 같은 대사들이
재치 있고 재미지다.

1994년,
내 생에 가장 힘들었던 한 해를 꼽으라면
나는 1994라는 숫자를 꼽는다.
또 가장 의미 있었던 한 해를 꼽으라면
다시, 같은 숫자를 떠올려야 한다.

그해가 시작되던 달, 어느 새벽에
젊어서 마비된 아버지와
그에 따라 기운 우리 가정을
청춘을 소진해 지켜 내시던 어머니는
뇌경색으로 쓰러지셨다.

책으로 따지자면
도무지 읽어 내리기 쉽지 않은

새로운 단원이
우리 가정에 시작되었던 것이다.

우리 가족은 지금도 어려움이 생기면
가끔 그때 이야기를 한다.
그때도 견뎠는데….

그해 가을,
나의 선생이자 동지인 정종원 목사님과
교회를 시작했다.

교회가 시작되기 며칠 전 정 목사님 가정에는
예쁜 딸아이가 태어났고,
나는 그 어린 아기를 품에 안고 있다가
내 인생의 첫 노래를 만든다.
그 아이의 이름은 정하연.

그리고…
그 노래가 나올 때쯤

정 목사님과 나는
새로운 음반에 관한 이야기를
나누기 시작했는데
다음 해를 넘겨 완성된 그 음반은
프로젝트 음반, "꿈이 있는 자유"였다.

1994년에 시작한 효실교회에서
나는 그다음 해, 그러니까 1995년에
교회에 새로 온 자매를 만났고,
그 자매는 바로 지금의 내 아내가 되었다.
요즘의 내 말투로 하자면 "우리 은서 엄마"를 만난 것이다.
그리고 그 교회에서 2005년 목사 안수도 받는다.

그 어렵던 해,
나는 노래를 만들기 시작했고
그 굴곡 많던 시간 속에서
내 흐릿하기만 하던 미래는
큰 틀에서 방향이 잡혀갔다.

나는 그즈음을 기점으로

남의 노래를 부르는 사람에서

내 노래를 부르는 사람으로 바뀌었다.

그리고 이 변화는 내 생에서

가장 큰 변화이기도 하다.

1994년,

그렇게 내게는 힘들고 고맙고

두렵고 놀라운 추억이다.

감사합니다.

모두들.

나를 밀어

어떤 일은 나를 밀어내서
결국 내가 가진 한계 그 끝으로 날 이끌지
너는 그저 여기까지라고
허니 왔던 길을 돌아 네 익숙함에 머물라고.

하지만 내 발을 들어 그 경계를 넘어
이번 역시 뜻대로 안 된다 해도
웅크리고 싶은 익숙함들 그 밖으로.

저 밖이 내 안에 밀려와 쌓이기 전에
이 안으로부터 날 힘껏 밀어내
내 처지에 무슨 도전이냐 하지 말고.

무언가 힘써 힘써 해내는 일
그건 수도 없이 많은 내 경계들을 만나는 일
불쾌하던 실패의 기억들
나의 발을 굳게 하는 많고 많은 그 이유들.

하지만 내 발을 들어 그 경계를 넘어
이번 역시 뜻대로 안 된다 해도
웅크리고 싶은 익숙함들 그 밖으로.

저 밖이 내 안에 밀려와 쌓이기 전에
이 안으로부터 날 힘껏 밀어내
내 처지에 무슨 도전이냐 하지 말고.

한 번 더 내 발을 들어 그 경계를 넘어
쉬운 일이란 건 세상에 없으니
숨어 있고 싶은 핑계들의 그 밖으로.

절망이 내 안에 굳어져 쌓이기 전에
마음에서 먼저 길을 내보자
마주 선 내 끝은 또 다른 시작이니.

꿈은 형용사로

꿈은 명사로 꾸지 않도록 해라.
꿈은 늘 형용사여야 한단다.

예컨대 선생이 되고 싶다든지
정치인이 되고 싶다든지
여타 무언가가 되고 싶다는 식으로는
꿈을 꾸지 말라는 말이다.
그런 꿈들은 자칫 진짜 이루어질 수도 있기 때문이다.
그게 이루어지는 순간 그는 꿈을 잃게 된다.

그러니
꿈은 형용사로 꾸어라
좋은 선생, 정직한 정치가, …
이런 것 말이다.

꿈은 평생 바라볼 수 있는 깃발 같아야 한다.
죽을 때까지 품을 선망이어야 한다는 말이다.

그러니 꿈은 명사로 꾸지 말고
늘 형용사로 꾸어라.
꿈이 네 삶을 향해 마지막까지
손짓할 수 있도록 말이다.

묘한 빈틈

세상에는 이루어진 꿈들이 많을 것 같으냐
아니면 좌절된 꿈들이 더 많을 것 같으냐.

그야…
그래, 맞다.
그러니 꿈이 이루어지는 것.

그도 중요하지만
그것이 이루어졌건 아니면 실패했건
그 사이에서 과연 무엇을 배웠는지가 더 중요하다.

그 기묘한 배움으로부터
실패를 뒤집어엎을 묘한 빈틈이
열릴 수 있기 때문이다.

이건 꿈을 이뤘다 생각하는 이에게도
여전히 마찬가지일 게다.

겨자씨만 한 믿음

겨자씨만 한 믿음에 담긴 능력에 대한 말씀은
믿음의 크기에 관한 것이 아니라
믿음의 대상이신 그분의 위대함에 관한 것이다.

그것은 놀라울 정도로 쉬이
믿음의 크기를 논하는 사람들의
알 수 없는 계량(計量)에 관한
이야기가 아니다.

바람이 달아

바람이 달아 창을 열었다.

들어온 바람이 안을 돌아
쉬이 나갈 수 있게
저만치 창 하나 더 열어 두었다.
바람은 내 것 아니니까
저기 누군가에도 가야 하니까.

바람이 달아 창을 열었다.

"바람은 내 것 아니니까

저기 누군가에도 가야 하니까"

내 위로, 그분이

하늘이 유난히 맑게 비춰오는 날에는

요동하지 말아야 합니다.

그래야

내 위로 그 푸름이 고스란히 담겨 비출 테니까요.

죽음이 꿈틀했다

죽음은 어둠 속에 농밀했고
빛은 닫아놓은 돌문 틈으로 겨우 두어 줄기였다.

그래서 무덤 안은 분간할 만하지 않았고
오히려 서늘하고 눅눅했다.
그 안에서 아무 일도 일어나지 않았다는 말조차
무색할 정도로
죽음, 무덤, 어둠… 이런 단어들은
압도적인 동시에 완벽했다.

무덤 밖에서 누군가는 밤새 울었고
또 누군가는 어제의 잔인을 벌써 잊을 정도로 잔인했다.
또 누군가는 악몽에 잠을 설쳤으며
또 다른 누군가는 편히 잠들었다.

예루살렘은 또 한번 실패를 맛본 것이다.
어디 이번이 처음이더냐, 우린 원래 그런 것을.

죄인들의 피가 진득하게 엉겨 붙은

어제의 못들은
성의 없이 뒤섞여 내팽개쳐져서
지금쯤에는 그게 어디 있는지조차 기억하는 이 없었다.
피는 그렇게 잊히기 마련이다.

해가 비스듬히 간밤을 지우는 서늘한 아침에도
또 그 해가 바지런히 기어올라 정수리 위에 와글거리는 정오에도
또 관성처럼 저만치 기울어가던 초저녁에도
다를 것이라곤 하나도 없었다.
그래, 다를 것이라곤 하나도 없었다.

예수가 십자가를 지고 비틀거리던 그 길가에
서늘할 정도로 빠르게 일상이 찾아온 것이다.
이미 그 일은 거의 모두에게 저만치였다.

죽음보다 무덤보다 완벽한 단어가 어디 있겠는가.
예루살렘은 유월절이라는,
이젠 껍데기만 남아 가벼이 바스락거리는 전통 위에 뿌옇고,
자랑스러움은 거의 장사치들의 전대 속에만 두둑했다.

그게 예루살렘이겠거니.

바로 그때 저만치에 한 무덤 안이
어제 닫아 봉인해놓은 바로 그 무덤 안이
짧게 꿈틀했다.
틀림없이 그랬다.

_성금요일과 부활절 그사이 날을 보내며

담백

담백은 무엇이냐고?

담백은 원재료에 대한 존중이란다.

잘 준비된 원재료에

나를 덜 섞는 것,

그래서 그 원재료에서 멀리 벗어나지 않을 때

비로소 담백할 수 있단다.

나를 덜 섞는 것,

그래서 담백은 쉬울 듯하나

절대 쉽지 않은 것이란다.

눈물 마중

내 노래와 이야기를 들으며
앞에 앉은 사람들이 때로 눈물 흘리는 것을 볼 때면
내가 하는 일이 좀 더 의미 있게
느껴지기도 했습니다.

더 직설적으로 말해, 내 노래와 이야기 속에
감동이 있구나 하는
은근한 자부심이 들었다는 말이지요.

하지만 요사이 조금씩
알아가는 일이 하나 있습니다.
그것은 바로 사람들 마음속에 이미
울음이 가득하다는 것입니다.
사람들 마음은 그렇게 차오른 둑과 같은 거지요.

그런 마음과 마음들이
다만 내 이야기를 향해 먼저 손을 내밀고 있는 것 아닐지요.
일종의 마중 같은 것 말입니다.

들을 마음, 믿어주는 마음, 함께해주는 마음…
그런 마음을 안고
내 노래와 이야기들이
가닿는 길로 먼저 걸어 나와서는
어서 오라고, 반갑다고, 귀 기울이겠다고
인사하고 있는 것 아니겠는가 말입니다.

어서 오라고
반갑다고
귀 기울이겠다고.

정말로 감사합니다.
여러분의 눈물 마중 말입니다.

또박또박 사인

누군가에게 사인을 해주며 살게 되리라고는 생각지 못했다.
그리고 지금도 종이 위에 적어놓은 내 이름이
그 자체로 무슨 의미나 가치가 있다 생각하지 않는다.

그런데 소위 사인이란 것이
나 자신에게 시사하는 바가 하나 있기는 하다.
영문 한문 국문 이름 석 자를 가능한 한
멋들어지고 의미 있게 쓰려고
쉬운 말로 별짓을 다 해봤다.

흘려서도 써보고
영문과 국문을 섞어서 이상야릇한 조합도 만들어보고
그중에는 한 번은 써도 다시는 쓸 수 없을 것 같은
무슨 그림 같은 것도 있었다.

그러다 어느 날 마음을 먹었다.
그냥 내 이름 석 자 정갈하게 적어놓자.
멋 낼 것도 없고 복잡할 것도 없이….

지금 내 사인이 그 형태에서는 최종이라 생각한다.
그만큼 마음에 든다는 말이다.
사는 일도 내 노래도
그리고 가능하면 죽는 일도 내 사인처럼 하고 싶다.
그냥 있는 그대로 또박또박
그 이상도 그 이하도 아니게 말이다.

수줍게 다가와 사인 한 장 요구하는
상기된 얼굴들을 보면 여전히 고맙고 또 신기하다.
그래서 가능한 한 정성을 다하려 한다.
멋 낼 것도 없고 복잡할 것도 없이
그냥 있는 그대로 또박또박하려고 말이다.

아는 척

모르는 걸 모른다 할 마음먹으니
생각보다 많은 부분이 편해지더라.

거꾸로 생각하니 아는 척이
얼마나 피곤한 상태인지도 알겠더라.

잊을 차례

돌아오는 길,
그 뜻 모를 무거움도
지그시 눌러대는 어깨 위 피곤들도
흩뿌리듯 내리는 미세한 밤눈가루도

저기 뒤 어딘가에 두고온
오늘만큼의 아쉬움과
창 밖에 빼곡한 겨울 냉기까지
차곡차곡 개어두러
나는 오늘도 집으로 간다.

오늘을 살았으니
이제 오늘을 잊을 차례다.

스케이트

넓고 또 굳게 디디는 것만이
능사라 생각하겠지만
이토록 좁고 얇은 면으로도
우리는 바로 설 수 있습니다.

몸과 정신이 그 균형을 기억하고
그에 따라 움직여주면
말 그대로 날 위에서도
온갖 묘기를 부릴 수 있게 되지요.

오히려
딛고 있는 면과의 저항이 줄어
빙판 같은 곳에서는
더 날렵해지고 또 정확해집니다.

내가 딛어 선 이 땅이 왜 이리 비좁을까
자꾸만 마음이 헛헛해져 오는 그런 날이 수두룩합니다.
그럴수록 내 몸과 정신이
균형을 기억하게 해야 합니다.

그러면 혹시 모르지요.
어느 순간
좁고 미끄럽기만 한
내 발아래 세상을
오히려 기민하고 정확히 오가게 될른지도요.

누구에게든 외날 같은 일상이 있고
빙판 같은 현실이 있습니다.
그런데 그 둘이 만날 때
스케이트가 시작되는 것도
또한 현실이겠군요.

자연스러움

자연스럽다는 것은
얼마나 큰 재능인 동시에 힘인가.
나는 오늘도 그 자연스러움을 동경한다.
자연스러운 것은 쉽지 않다.
아이러니지만 정말 그렇다.
그러니 도전해볼 만하다.

들판으로

할 수 있는 한
기꺼이 들판으로 나가거라.

마침내 그 들판이
네게 밀려들기 전에.

난 여전히

그래도
나를 마치
큰사람인 양 대해주면
마음이 좋아지는 건…,

내가 여전히
작은 사람이어서
일 것이다.

조명 밖으로

조명받는 이여,
그대는 그대를 비추는 그 조명 밖으로
끊임없이 걸어 나와야 한다.

그대의 삶과 죽음은
실상 그 조명 밖에 있는 것이니.

그토록 예수를 몰랐다

은 30냥, 그것이 예수의 값이었다.

무력한 예수,
뜻 모를 사랑만 끝없이 이야기하는 예수,
우리네 희망과 절망 따위는 안중에도 없는 듯한 예수,
죽으러 가는 예수,
아니 죽기로 결심한 예수….

그것은 유다의 욕심 값이라기보다
유다의 실망 값이었다.

전대 속에서 가볍게 흔들거리는
그 쓰라린 실망감들이 서로 닿아 쩔렁거렸다.
그는 그렇게 예수를 뱉어버리는 중이었다.

"사랑이라니… 젠장."
그는, 아니 우리는 그토록 예수를 몰랐다.

주여 우리를

내 음악을 유난히 좋아해주시던
형님 같은 분이 큰아들을 잃으셨다.

스무 살 초반, 청년의 심장에
마비라는 충격이 찾아온 날,
애씀도 소용없었고 간절한 바람도 무색하게
청년은 부모 곁을 떠나갔다.

그 터무니없던 영정을 마주하고 오는 내내
얼키설키 생각들이
솟다 가라앉다 솟다 가라앉다 했다.

내가 집례한 첫 장례예배,
그것은 두 살배기 아이의 장례였다.
그 작디작던 수의를 나는 앞으로도 잊지 못할 것이다.

두 번째 장례는
네 살 딸아이를 둔 아이의 아빠였다.
큰마음 먹고 교회를 나오기 시작한 지

얼마 되지 않던 추운 겨울 새벽에
아빠는 불의의 사고로 아내와 딸아이 곁을 떠났지.

사는 일, 죽는 일, 만나는 일 그리고 헤어지는 일.
끝까지 풀리지 않을 이 문제들 앞에서
나약하기 짝이 없는 우리네 모습을
저리도록 다시 만난다.

사는 일도 죽는 일도 알지 못하니
사실인즉 우리는 아무것도 알지 못하는 것일 테다.

왜 인가요 왜 인가요.
물어도 대답 없으신 이유는
알려주어도 알 수 없기 때문일 테지.

나의 주여,
우리를 불쌍히 여기소서.

서로에게 선물이 되다

"〈돌아가는 길〉이란 노래를 들으며
그 긴 시간을 견뎠습니다."
이 밤에 그 청년은 내게 말했다.
나는 답했다.
"잘 들어줘서 고맙습니다."
그리고 우린 서로 지나쳤다.

그 긴 시간이란 무엇이었으며
견뎌냄이란 또 무엇이었는지
나눌 시간도 없었다.

그 청년의 말이
오늘의 나를 견디게 한다.
우리는
그렇게 서로 견디게 한 셈이다.

조각빛

사진을 찍어본 사람은 안다.

비록 한 조각일지라도
빛이 얼마나 소중한지를.

그것이 윤곽에서
얼마나 결정적인 요소인지를.

부활을 지나며

이건 곤란한 문제긴 하다.
소문은 살아 움직이는 유기체 같아서
독한 전염병처럼 삽시간에 퍼질 수도 있고
그냥 흐지부지 뿌연 먼지처럼
저 홀로 사라질 수도 있다.

뒤를 데서 알아본 이 일의 자초지종으로 볼 때
사건의 질이 별로 좋지 않아 보이긴 하다.
나사렛인의 무덤이 비어 있다는 말인데…
그나마 다행인 건 그는 벌써 예루살렘에서
거의 잊혔다는 점이다.

일이 어떻게 된 건지는 우리도 모른다.
분명한 건 무덤이 비어 있다는 점이고
우리는 이 일을 최대한 흐지부지 흘려버릴 계획이다.

관련자를 연행한다거나
잡아와 비트는 일은 오히려 좋지 않을 것이다.
그건 공포가 필요할 때 쓰는 일이고

이 경우는 맞지 않다.
입단속, 그것이 이 일의 핵심이다.

그나저나 그 나사렛에서 온 위인의 시신은
당최 어디로 간 것일까?
만에 하나 정말 그가 야훼의 아들이고
정말 그가 이야기했던 것처럼
죽음으로부터 삶을 향해 뛰쳐나온 거라면….

아니다. 중요한 것은 사실이 아니다.
그것이 우리에게 유리한 것인지 불리한 것인지
그것이 진짜 중요한 문제다.
사실은 철부지들에게나 줘버리면 그만이다.

그냥 내버려두자.
그러면 그들은 다시 흩어질 것이다.
예수를 연행하던 그 새벽에
코빼기도 보이지 않던 비겁자들이니
이번에도 그냥 두면 제 길로 흩어지겠지.

예수는 이렇듯 죽어서도 우릴 불편하게 하는구나.

비밀리 모인 회의 자리에서
성마르게 흥분해대며
문책이며 처단이며 운운하던 위인들을 단속해야 한다.
한심한 인간들 같으니….

예수를 십자가에 매단 일이 쉽지 않았던 것처럼
마지막까지 이 일을 잘 마무리해야 한다.
다시 한번 마음을 가라앉히고 생각해보자.
사실은 중요하지 않다.
무엇이 우리에게 이로운지 그게 핵심이다.
어리석은 예루살렘이
그저 계속 깊은 잠 속에 몽롱하게 빠져 있게 하는 일,
그게 바로 우리의 유익이다.

잊히게 만들자.
잊히게 만들어.
예수가 살아났다고? 그럴 테면 그러라지.

"예수께서 이르시되 너희가 성경에 건축자들이
버린 돌이 모퉁이의 머릿돌이 되었나니 이것은 주로 말미암아 된 것이요
우리 눈에 기이하도다 함을 읽어 본 일이 없느냐"

마 21:42

인격, 그것은

인격,

그것은 가장 결정적인 설득력.

냄새와 향기

캐나다의 한쪽 끝 도시에 갔었습니다.
늘 그렇듯 도착해서 숙소로 안내받았지요.
공연 장소와 가까운 곳도 아닌데다
깔끔해 보이지도 않는 소위 여관 같은 곳이었어요.
조금은 허름해 보이기까지 했습니다.

이야기를 들어보니
그 교회 성도님 내외가 운영해온 곳이었고,
이제 며칠 후면 문을 닫을 예정이었습니다.

나이가 지긋해 보이는 내외분도 말씀하셨어요.
"저희 교회 게스트는 다 우리 집에서 묵으셨는데
한 목사님이 저희의 마지막 게스트세요."
그러고는 내가 묵을 방으로 안내하셨습니다.

방으로 들어가 짐을 푸는 내내
심란한 생각이 앞섰습니다.
다른 것은 다 괜찮은데
방에서 묘한 냄새가 났기 때문입니다.

처음에 묘한 냄새라고 생각한 그 향은
점점 더 강렬해졌습니다.
여기저기를 뒤져 보고
가지고 다니는 스킨로션을 뿌려보기도 하고
생각이 거기 어디쯤 모여드니
머리와 마음속이 온통 그 생각으로 가득해지더군요.

밤에는 잠도 오지 않았습니다.
머리도 아프고
이불을 뒤집어써도
그냥 잠들려고 노력해도
점점 더 짙어져만 가는 그 냄새를 피할 길이 없었습니다.

그렇게 푸념과 한탄으로
거의 밤을 지세고
아침 식사 자리에 나갔습니다.
그때 그 댁 여자 집사님이
아침 인사 중 그런 말씀을 하시더군요.

"방에 놓아둔 라일락은 향이 너무 강하진 않던가요?"

내가 그토록 궁금해하던
그 냄새, 아니 향기의 원인을 알아버린 순간이었습니다.
그게… 꽃향기였다니.
마음이 화끈거렸습니다.
밤새 했던 푸념과 두통이 부끄러웠고요.

방으로 돌아와 보니
정말 화병에 예쁜 꽃들이 꽂혀 있었습니다.
이걸 못 보다니
그게 거기 있었는지조차 몰랐다니….

들어올 때부터 이미 느껴진 숙소의 허름함이
내 마음을 가렸을 테고
마음속에 부풀어오른 불만이
내 눈을 닫아버렸을 것입니다.

그것이 꽃향기라는 것과
나를 향한 배려였음을 알고 나니
놀랍게도
더 이상 그 향기는 '냄새'가 아니었고
두통도 사라졌습니다.

마음… 마음… 마음.
그것은 어디 있기에
나를 이렇게 작게도 하고
새롭게도 할까요.

집사님,
그때 제 방에 놓아주신 라일락
감사했습니다.

강건하신지요?

감사로 일상을 읽다

감사로 제사 드리는 자가
하나님을 영화롭게 한다지.

그렇다면 감사로 일상을 읽는 자는
결국,
자신의 생을 영화롭게 할 수 있을 거다.

3장

아버지도 그러셨겠지

어른이 된다는 것은
그만큼 절망을 겪었다는 일이기도 하겠다.
얼핏 무겁고 어두운 일이겠으나
생각해보니 마냥 그럴 일도 아니다.

정말 그렇구나

그러게… 정말 그렇구나.
빛도 에너지도
모두 누군가가 태워질 때 생기는 거지.

그래서 밝아지고
그래서 쉬이 멀리 갈 수도 있고
그래서 이렇게 긴 겨울 따뜻할 수도 있는 거야.

그러니… 일상은 다른 누군가의 희생일 거다.
잘 살펴보고 알아차리라고
하나님이 그렇게 만들어놓으신 것 같구나.

누군가를 위해
태워지며 소진되는 사람들이 있었기에
우리가 여기 어디쯤 와 있는 거라고.

사는 일이 푸석하게만 느껴지느냐
그래도 불식간에 지혜 같은 것들이 찾아들어
그것에 윤기를 주기도 한단다.

그러니 잘 살펴야 한다.

그러니 잘 살펴봐야 해.

"정말 큰 사랑은

그림 속에 담을 수 없을 테니.

푸른 하늘, 그보다도 높다 하지 않던가."

푸른 하늘, 그보다 더

아이들이 그린 엄마 그림이 화면에 흐를 때쯤이었다.
TV를 보던 딸아이가 묻는다.

"아빠, 아빠는 할머니를 비슷하게 그릴 수 있어?"
내가 대답했다
"할머니는… 그 무엇으로도 그릴 수 없어."
필요 이상으로 진지한 대답이었다.

허나, 생각해보니 맞는 말이다.
정말 큰 사랑은 그림 속에 담을 수 없을 테니.
푸른 하늘, 그보다도 높다 하지 않던가.

아버지도 그러셨겠지

아이가 자라나니
아이가 만나는 절망도 자라나고
자라나는 아이의 절망은
아빠에게까지 번진다.

어른이 된다는 것은
그만큼 절망을 겪었다는 일이기도 하겠다.
얼핏 무겁고 어두운 일이겠으나
생각해보니 마냥 그럴 일도 아니다.

아이의 등 뒤를 지나듯 바라보니
은근히 기대도 된단 말이다.
어떻게 넘어설지
어디쯤에서 견뎌 설지
무엇을 담아낼지.

그렇게 기도해본다.

그리고 이만치에서 지켜본다.

내 아버지도 그러셨겠지.

그래, 그러셨을 거야.

바람은

바람은
흔들거리는 것들을 통해서만
볼 수 있다.

가을을 가을이게 하려고

가을을 가을이게 하려고
자연은 온통 한마음이다.

무언가 익어가기 위해서는
무엇이 무엇답기 위해서는
수많은 '함께'가 필요하다.
하물며 사람은….

장로님의 뒷모습

연로하신 장로님의 한 손에는

과자 몇 개가 담긴 검은 봉지가 들려 있었다.

주변에 무슨 일이라도 있으면

늘 먼저 나서서 돕는 분이었다.

특히 부모님 모두가 건강이 불편한

우리 집을 향해서는 유난히 각별하셨다.

비닐봉지 드신 장로님의 등 뒤에

"안녕하세요, 장로님" 하고 인사드리니

장로님이 뒤를 돌아보시며 허리 굽혀 인사하신다.

그리고 이렇게 말씀하셨다.

"아이고, 애 많이 컸네."

내일 모래면 오십인 내게….

그 광경을 보시던 어머님이

피식 웃으시며 입 모양으로 내게 말씀하셨다.

"치매가 있으셔."

아, 그러셨구나.

집에 빨리 가봐야 한다며

자리에서 일어나시는 장로님께

어머님도 봉지를 건네신다. 장로님은 손사래를 치셨다.

"장로님, 이거 장로님이 가지고 오신 것하고 다른 거예요."

그러니 장로님이 말씀하셨다.

"고마워요, 고마워."

사실 그 봉지는 장로님이 방금 들고 오신

바로 그 과자 몇 봉지였다.

한 손에는 검은 봉지를

또 한 손에는 지팡이를 짚으신

장로님의 뒷모습이 쓸쓸하게 멀어진다.

내가 어머니께 말했다.

"치매가 있으셔도 저렇게 누군가에게

뭔가를 가져다주고 싶으신가 봐요."

어머니가 말씀하셨다.

"그래, 맞아. 요즘 자주 그러셔. 우리 집엔 유난히 더 저러신다."

어머니의 눈가가 잠시 붉어졌다.

삶은 은혜다.

그날 노트

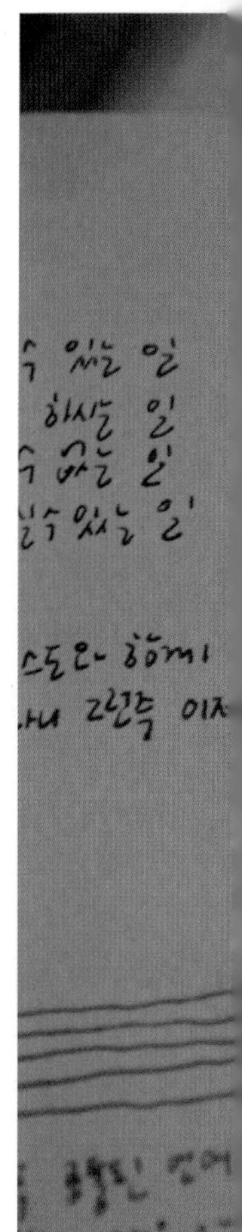

십 년보다 훨씬 더 이전에 사용하던 노트를 펼쳐봤다.

늘 가방에 간직하고 다니던 노트다.

펼쳐 읽다 눈에 들어오는 메모가 하나 있었다.

십여 년 전의 묵상이다.

알루미늄 캔 하나 그 아래 꼬부랑 글씨.

"우리가 터져 나오게 하기 위해서

때로 하나님은 우리를 흔드신다."

우리가 터져 나오게 하기 위해서
때로 하나님은 우리를 흔드신다

그 뒤춤에 푸른 하늘

비바람은 늘 그 뒤춤에

푸른 하늘을 숨기고 있다.

오늘 하늘 같은.

나만 볼 수 있는 그림

사람들 앞에서 집회를 진행할 때
나는 뭘 요청하는 것을
좋아하지 않습니다.
자리에서 일어나라든지
박수를 치라든지 하는 행동 말입니다.

그런데 "사랑은 여전히 사랑이어서"라는 곡의
작곡 배경을 이야기하면서는
간주 부분에 이르면
서로에게 예쁘다고 말해보라는 순서를 간혹 갖습니다.
그렇게 몇 번을 하다가
이런 스타일이 내게 맞지 않는 것 같아
그만 하는 게 좋겠다는 생각이 들기도 했습니다.

그렇게 쑥스러움을 무릅쓰고 서로에게 "예쁘다"라고
이야기하는 관객들 모습을 보면서
참으로 신기한 느낌을 발견하고는
즐겁기도 하고 연구도 해볼 겸
그런 시간을 이어가고 있습니다.

나만 볼 수 있습니다.
그 참으로 신기한 느낌이란 것 말입니다.
나는 노래를 할 때 몇 가지 소신이 있습니다.
그중 하나는 앞에 천 명이 있든 열 명이 있든
주어진 시간이 십 분이든 두 시간이든
공간 안에 있는 사람들과 최소한 한 번은
눈을 마주치자는 것입니다.
실제로 노래하며 그렇게 하려고
많이 애씁니다.

집회 내내 사람들 얼굴을 그렇게 만나며
잠시지만 서로에게 예쁘다고 이야기하면
신기하게도 사람들이 실제로 예쁘게 보입니다.
집회 내내 가장 예쁜 얼굴들이
공간 안에 가득해지지요.

공간 안에 가득한 예쁜 얼굴,
한 사람 한 사람이 낼 수 있는 가장 예쁜 얼굴…
나는 기타를 안고 앉아 그 얼굴들을 봅니다.

그 시간에 관객 모두를 볼 수 있는 사람은
나 하나뿐입니다.
그게 참 좋고 또 좋습니다.

왜 그럴까?
그냥 예쁘다는 소리를 들으니 기분이 좋아서일까?
물론 그것도 있겠지요.
그런데 오늘은 이런 생각이 들었습니다.

예쁘다 해주고 또 예쁘다는 소리를 들으면
우리 속 어딘가에 있는 진짜 예쁜 것들이
거기에 반응하는 것 같다는 생각이요.

그래서 굳은 표정으로 앉아 계시던
장로님의 표정도 예뻐지고
하얗게 머리 센 할머니 권사님의 얼굴도 예뻐지고
청년들도 아이들도 남편도 아내도
그렇게 예뻐지는 것 같다는 생각이 들더군요.

굳은 모습

다친 모습

닫힌 모습

우는 모습

찡그린 모습

고운 모습

그리운 모습

애타는 모습

웃는 모습.

모습 앞에 이렇듯 많은 단어가 붙듯이
모습 속에는 여러 성분이 뒤섞여 있는 듯합니다.
그중 예쁜 모습, 누구에게든 조금씩은 있겠지요.
그 예쁜 모습이 자기를 부르는 소리에
밖으로 뛰쳐나오는 장면이
그것도 동시에, 여기저기에서
일어나는 것을 한눈에 보신 적 있으신가요?

그야말로 장관이랍니다.
글로 적을 수 없을 만큼이요.
그렇습니다.
글로는 적을 수 없는 만큼이랍니다.

곁에 있어준 은혜

아픔이 없는 사람은 없고
사연이 없는 가정도 없더라.

그래서 사람을 만나는 일은
그의 아픔과 사연을 만나는 일이더라.
그래서 그 일은 어려운 일이더라.
그가 다가오면 그의 통증도 다가오니.

그러니 잊지 말아라.
내 속에도 통증이 있다는 걸.
그동안 누군가 그런 나의 곁에 있어줬던 거란 걸.

길가에

오가며 막히는 도심의 길가.
그 매캐함 속에서도
꽃은 피어난다.

그렇듯
그네들은 어느 누구를
탓하는 일이 없다.

나에게 보내는 묵상

주님을 묵상함.
시간이 지날수록 조금 더 알 것 같지 않니?
주님을 묵상하는 그것이
왜 그 자체로 힘인지 말이야.

사람 혹은 사건을 묵상하다가
빠지고 말았던 미궁과 뒤틀림들이 참 많았어.
마음은 늘 그렇게 막다른 길목 같았고 말이야.

주님을 묵상하니 사람이 보이고
주님을 묵상하니 그 일들이 읽히더라.
주님을 묵상하니 미궁도 길이고
그렇게 주님을 묵상하니 속부터 아물었잖아.

그런데 중년이 되어도
이 미련한 성품이 쉬이 좋아지지 않아.
여전히 오늘도 다른 것들을 곱씹는다.

그래서 또 한번 마음먹어.

"주님을 묵상하니 사람이 보이고
주님을 묵상하니 그 일들이 읽히더라.
주님을 묵상하니 미궁도 길이고
그렇게 주님을 묵상하니 속부터 아물었잖아."

마치 처음 그러는 것처럼 다시 한번 말이야.

혼란과 분내는 것들과

두려움과 자의적인 생각들로 얼룩얼룩한 내 속을 향해

그렇게 마음먹는 거야.

예수를 생각해보자고.

복 있는 사람은

좋은 묵상을 가진 사람인 거야.

아니, 좋은 묵상을 가진 사람은

이미 복된 거지.

"복 있는 사람은 … 그의 율법을 주야로 묵상하는도다"

(시편 1편에서)

빈 그물을 다시 던지다

빈 그물에도 실망하지 않는 법.
몇 마리만 잡혀도 감사하는 법.
이것이 그물을 다시 던지는 법.

나의 출발점

저녁 즈음 그것이 내 방 안에 데구루루 굴러 들어왔다.
무엇인고 하니 의기소침이다.
너는 어디에서 왔느냐
언제부터 거기에 있었느냐
왜 여기에 있는 거냐
물을수록 마음은 쪼그라든다.

그렇게 한동안 시선을 두리번거리다
둘 데 없던 마음 길 안에 스며 번지는 생각 하나에
선잠에서 깼다.

'나는, 나는 원래 작았던 걸….'
그래 나는 원래 작았지.
그 말이 너무 선명하고 맑아서
되려 마음 한편이 개운해져 온다.

난 늘 거기서 출발했지.
그리고 거기로 돌아왔고
그렇지 않았던 적은 한 번도 없었어.

그러니 내 방 안에 굴러 들어온 그것을

그냥 거기 두려 한다.

그도 나니까.

난 거기서 출발했고

지금 다시 거기로 돌아온 거야.

"그래도 내 주위에는

착한 사람이 정말 많았지."

그이들처럼 살아야지

세상은 그리고 나는
왜 늘 이 모양인가 하는 생각에
마음이 냉소로 건너가던 즈음,
그래도 내 주위에는
착한 사람이 정말 많았지 하는 생각이
좋은 기별처럼 스며들었다.

씁쓸한 커피를 마시고 나면
입가에 남겨지는 묘한 단맛 같달까.

그이들처럼 착하게 살아야 한다.
그게 내가 살아가는 세상을 향한 부조(扶助)요.
거의 유일한 사역일지도 모르니.

덜어내고 덜어내다 보면

대부분의 사람이 원본으로 태어난 후
결국 복사본으로 죽는다지.

마흔이 넘던 언젠가부터
아직 내가 무얼 하고 살아야 할지는
여전히 모르겠지만
무엇을 하지 말아야 할지가 조금씩 보인다 했어.

그렇게 덜어내고 덜어내는 일이
혹 편견이나 아집으로 물들지 않을까 염려는 서지만
그래도 조금씩 덜어내며 산다.

복사본이 되어 버린 나의 모습 어딘가를
덜어내고 덜어내다 보면
어딘가에서 나타나겠지.
원본이었던 내 모습이 말이야.

노래를 만들어
글을 쓰고

또 그것을 부르지.

이게 내 일인 것이 참 다행이야.

여전히 사는 일은 아득하지만

내 노래가 있어,

그리고 그 노래를 듣는 마음들이 있어

가볼 만하다.

멀리멀리 떠나볼 만하다고.

고마운 일이다.

고마운 일이야.

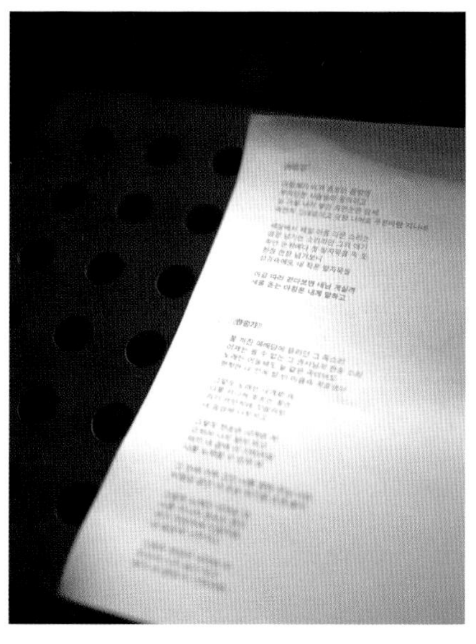

뒷공간에 대한 이야기

말 뒤에나 글 뒤에는
뒷공간이 넉넉하단다.
너 자신을 쉬이 숨길 수 있단 말이지.

하지만 삶 뒤에는 그런 공간이 적다.
네가 환히 드러난다는 말이다.

이건 타인을 볼 때도 한 가지다.
그의 말과 글을 보기보다
오히려 사소한 행실 속에서 그를 찾거라.
약속을 대하는 매무새라든지
강자와 약자를 상대하는 태도라든지
이런 것에서 말이다.

만남, 감사

만나진 것에 깊이 감사할 줄 모르면
인생에는 헤어짐의 아픔만 남게 된단다.

불편한 것들의 고마움

생각이 많은 천성이 불편했습니다.
언젠가부터 그 생각들을 적어내려가니
누군가는 그것을 묵상이라 불러주더군요.
그 한 자 한 자가 웃자라 노래가 되고
글이 되어 주었습니다.

내성적인 성향이 거북했습니다.
두루 널리 만나고 사귀는 이들이 늘 부러웠지요.
고쳐보려고 애도 써봤습니다.
지금은 그냥 그렇게 생각합니다.
고치려고 너무 애쓰지 말자.
차라리 그 속에 좋은 점은 무엇이 있는지 찾으며 살자.

거의 들리지 않는 오른쪽 귀,
떠다니는 소리 중 절반 정도만 들을 수 있다는
그 사실 때문에 겪은 소소한 불편함은 한둘이 아니었습니다.
인생의 역설은 그런 제가 듣고 노래하는 일을
나의 일로 삼으며 살고 있다는 점입니다.

사람 앞에 서는 일이 두려웠습니다.
얼굴이 빨개지고 가슴은 쿵쾅거렸지요.
버티는 방법은 나만의 리듬을 찾는 것이었습니다.
어떤 청중을 만나든지 나만의 리듬을 갖는 연습 덕분에
수많은 사람 앞에서 오늘도 노래합니다.

세어 보면 끝도 없을 것입니다.
내가 갖지 못한 것들 말입니다.
묘합니다.
그 갖지 못한 것들 때문에
또 다른 무언가를 갖게 되었다 생각하니
생은 참 묘합니다.

아버지의 봄

아버지의 봄은
희멀건 환자복 넘어 아득하다.
"아들아, 아빠의 삶은 늘 송곳 위에 서 있는 것 같아."
그 말씀이 너무 예리해서
내 마음 한편을 내내 찌르고 또 찌른다.
그 송곳 위에서 아버지는 세 자녀를
이토록 키워내신 것이다.
세상 훈장들을 모두 그 앞에 두어도
모자를 일이겠다.

마음 같아선 그날이 영영 오지 않으면 좋겠지만
아주 훗날에 주님 앞에 가시면
칭찬 많이 받으시겠지.
그래, 칭찬 많이 받으실 거야.
수고 많았다고,
애 많이 썼다고.

주님도

그리고 너무 일찍 가신 할머님도

맨발로 달려 나오실 테지.

수고 많았다고,

우리 아들 애 많이 썼다고.

사랑하는 나의 아버지

한장연 권사님께

(1943~2017)

사랑은

결과는 의외였다.
당연히 이길 거라 생각했던
아빠의 예상이 빗나간 것이다.

딸아이와 재미삼아 해봤던
자판게임에서 아빠는 지고 말았다.
그것도 아주 커다란 타수 차이로.
나름 자신도 있었는데 말이다.

놀라웠지만 기분이 나쁘지도 않았다.
아이는 앞으로도 많은 면에서
아빠를 넘어설 것이다.
이것이 당연하고 동시에 바람직한 일이다.

사랑하는 내 딸아,
그렇게 달려와 아빠를 넘어서렴.
그리고 거기 어딘가에서 멈추지 말고
더 멀리 더 멀리 가보거라.

사랑은 나보다 나아진 그를

기뻐해주는 것이겠다.

나를 넘어서는 그의 모습을 보며

흐뭇해하는 일이겠다.

어머니의 성경책

오랜만에 온 가족 함께 짬이 난 주말,
부모님 뵈러 시골에 갔다가
커다란 선물을 받아 돌아왔습니다.

바로 어머니 손으로 쓰신 성경책.

그나마 성한 한쪽 손으로
성경을 쓰신다고 했을 때
저 일을 어떻게 감당하려고 하시나,
그러다 마시겠지 했더랬지요.
하지만 어머니는 결국 성경 전권의 필사를 마쳤습니다.

그 오랜 시간과 정성을 쏟으신 어머니의 필사본을
오늘 우리 가족에게 흔쾌히 건네주신 어머니.
떠나는 길에 이거 진짜로 가져가도 되는 거예요?
영 송구한 마음에 여쭈었더니
그럼 그럼 하시며 말씀하신다.
"나는 또 쓰면 돼. 지금 창세기 44장이야. 조심해서들 가거라."

글쎄,

내 책장에 있는 수많은 책을 다 합쳐도

이것과 바꿀 수는 없겠다 싶다.

감사합니다.

어머니.

우리는 의자니까

사람을 대할 준비를 할 때는 말이야,
저마다 다른 방향으로 준비해야 하는 거란다.
그들은 마주 보기도 하고 등지기도 하고
뒤서기도 하고 또 앞서기도 하거든.

왜 그래야 하는지 물을 필요도 없어.
그들에게는 늘 저마다의 용무와 시선
그리고 저마다의 방향이 있고
우린 그런 그들을 그저 돕는 거니까.

마주 볼 수 있도록
등질 수 있도록
앞서거나 뒤설 수 있도록
그 시선들이 잘 담기도록….

우리는 의자니까.

이혁재야, 내 아들

이혁재야, 내 아들.

내 아들, 이혁재.

사랑해

이혁재야, 내 아들.

병원에서 일하는 아내가

오늘밤에 내게 해준 말이다.

치매로 입원에 계신 할머니는 오직 그 말만 반복하신단다.

이혁재야, 내 아들.

사랑해

이혁재야, 이혁재.

간병 일을 하는 분께 물었단다.

종일 그 소리만 하시는데 지겹지 않으시냐고.

내 아들, 사랑해.

내 아들이야, 내 아들.

지겹지 않아요.

그 말이 좋아요.

간병인의 대답이었다.

평생 지탱해온 몸과 마음, 그 안에 있는 방에

불들이 모두 꺼져가도

어느 작은 방 하나의 불은 아직 남아 있으신 거겠지.

내 아들, 내 아들의 방.

내 아들, 이혁재.

성장한 만큼

키가 자라면 그림자도 커질 거야.
그렇듯 성장한 만큼 어둠도 커진단다.

이건 세상도
네 자신도 마찬가지일 게다.

그러니 이 둘 중 하나만 보면 안 될 거야.
그건 보나 마나 착시일 테니.

애간장

애미 애비의 눈에 비친
자식의 세상은 늘 자신들의 그것보다 쓸쓸하다.

나의 단발 기침 소리에도 애를 태우시던
어머니의 마음이 그러셨던 것처럼.

그게 다 무슨 소용인지
또는 지혜는 무엇일지
같은 유의 서늘한 격언은
어찌 보면 쓸모가 적다.
마음이 그보다 훨씬 앞서 끓어오르니 말이다.

아버지 기일에

편안하신지요
그리운 내 아버지,
좋은 나라라는 아득한 거기에서.
보고 싶지만
닿을 수 없는 그곳은
사람들의 말처럼 아름다운지.

때로는 아이가 내게 묻곤 합니다.
이럴 땐 어떻게 해야만 하는 건지.
그럴 땐 나도 한번 더
당신께 묻고 싶어요.
나를 알던 편안한 그 음성에게.

떠나신 뒤 몇 번의 계절이 바뀌었어요.
당신이 없는 어색한 봄 여름 가을 겨울.
나이가 들수록 거울 속 비친 나의 모습은
아버지를 닮아갑니다.
음….

잊을 수 없으니 고이 간직하려 합니다.

하늘 아버지 포근한 그 품에 다시 만나

밤새도록 못다 한 이야기 같이 나눠요.

기도해주세요.

우리 모두를 위해.

4장

함께 쉬어가자

내 사는 일 가까운 거기에

오늘도 작게 반짝이는 은혜와 함께

조금만 더 더 의미 있도록

비좁은 나의 삶 속에 주 계시길.

같이 쉬어가자

그래,
지금은 너도 좀 쉬거라.

함께 걷고
함께 노래하고
함께 만나고
그렇게 같이했으니
네게도 충분한 자격이 있다.

그 자리에 그렇게 잠시 기대서는
같이 쉬어가자꾸나.

갈릴리 사람 예수

그의 말속에서는 땀 냄새가 났어요.
우리에게 흐르는 그 땀 말이죠.
그의 말은 가깝고 우릴 닮아 있었죠.
가난한 우리네 살결 같은 얘기.

들에 핀 꽃들도 하늘을 나는 새도
길가에 돌들도 열매와 죽음까지.
우리 가진 허물과 깊이 패인 아픔들도
이미 알고 있는 듯 모두 이해하는 듯.

그는 우리와 그렇게 나란히 걸었죠.
정오의 그 길과 광야의 긴 밤들을
함께 뒤엉켜 보낸 그 푸른 기억들은
아직 손끝에 생생합니다.

우릴 지은 하늘과 스치고 또 닿으며
피어오르는 먼지 사이를 걸을 땐
때 묻은 그분 발과 우리 발이 닿는 곳엔
처음도 나중이고 나중도 처음이었죠.

그는 우리와 그렇게 함께 걸었죠.
정오의 그 길과 광야의 긴 밤들을
함께 뒤엉켜 보낸 그 푸른 기억들은
아직 손끝에 생생합니다.

하늘은 곁이었고 땅은 하늘이었죠.
우리 발을 씻기려 무릎을 굽히실 때
함께 울고 웃었던 그 푸른 기억들은
아직 눈앞에 생생합니다.

겨울이 자리를 내어주다

봄을 이길 겨울은 없다 생각했었다.
겨울은 그렇듯 견디고 넘어서야 할 무언가라
생각해온 거다.

그런데,
오늘 잠시 그런 생각이 들었다.
봄이 겨울을 이기는 게 아니라
겨울이 봄을 위해 그 자리를 내주는 거라는.

겨울은 늘 시려서 달갑지 않지마는
그 시린 겨울이 끊임없이 네 계절로 회전하는 만물에
어떤 쉼 같은 것을 줄 수 있을 테고
또한 그 추위로 대지를 얼어붙게 해서는
단단한 그 속 어딘가에서
무르고 살뜰하게 봄 준비를 마치도록
돕고 있는 것은 아닐는지.

또한 차갑고 매운바람으로
한 해 동안의 수고로 생겨나는

"여튼, 겨울은 나름 그 자리에서

자기 일을 열심히 하며

봄이 저기 언덕 넘어 성큼 나설 때까지

해 배웅과 해 마중을 하는 것이리라."

수많은 종류의 분진을
저 멀리
날려줄 수도 있을 테고.

여튼, 겨울은 나름 그 자리에서
자기 일을 열심히 하며
봄이 저기 언덕 넘어 성큼 나설 때까지
해 배웅과 해 마중을 하는 것이리라.

아픔, 고단, 어둠… 이런 것을 다룰 때
자주 등장하는 것이 겨울이다.
이런 비유가 틀려 먹었다는 말이 아니라
되려 그런 단어들도 겨울을
나름 고맙게 여기고 있겠구나,
하는 생각이 들어서 하는 말이다.

겨울이 봄으로 넘어가려 한다.
배울 게 많을 거다.

나만 잘하면 된다

나는 내가 되고
하나님은 하나님 되시면
되는 건데,
하나님은 늘 하나님이시니
내가 나 되는 일만
잘하면 될 일이다.

담쟁이

마음먹음에 따라서는
담도 길이더라.
마음은 그렇더라.

마음 건강

빠른 회복이
몸이 건강하다는
중요한 증거이듯
마음도 마찬가지란다.

휘청하고 삐끈하다가도
빨리 제자리로 돌아와서는
좋은 균형, 그 지점을 찾아낼 수 있도록
그럴 수 있도록
마음의 건강도 길러두어야 하는 거야.

마흔, 일곱

내 나이 마흔하고도 일곱이 되었다.
세는 방법에 따라 다를 수 있겠지만
그게 중요해 보이지는 않는다.

그런 내게 요사이
어떤 생각 하나가
불쑥불쑥 속마음 길을 스친다.

실은,
그간 나는
하나님께서
"너는 뭔가를 열심히 쓰다가 오너라" 하고
이곳에 날 보내신 건 아닌가 하는 생각을 꽤 해왔다.

물론 사람들은 전혀 그렇게 봐주지 않을 테지만
내게는 곡 쓰는 일,
또 그것을 부르는 일이
모두 뭔가를 쓰는 일의 일환이라는 이해가 있다.

실제로 그런 마음으로
그 일을 해오기도 했다.

요사이 불쑥하는 생각은
하나님이 내게 쓰다가 오라 하신 게 아니라
실은 읽다가 오라 하신 것은 아닐까 하는 점이다.

읽다가 고이면 쓰기도 하고
읽다가 넘치면 노래도 하고.

무슨 목사의 사명 이해가 그 모양인가 하는
핀잔을 들을 수도 있을 테다.
읽는 일보다 가치 있고 실재적인 일이
세상에 얼마나 많겠는가 말이다.

하지만 어쩌겠는가?
내가 이 모양인 것을.
실은 사람들이 그렇게 불러줘서 그렇지
내게는 목사라는 호칭이 당치 않다.

그냥 다들 그리 해주니 잠자코 있을 뿐이랄까.

읽다가 오너라.
가서 읽다가 오너라.

세월이 흐를수록
잘사는 일이
내 손끝에서 요원해지는 것을 느끼며
그저 잘 읽으며 지낼 수만 있더라도
많이 배부를 것 같다 싶은 요즘이다.

그러다 어느 날
그 잘 읽은 것들을
서너 줄 적어볼 수도 있을 테고,
그 적은 것들을 노래할 수도 있을 테지.

그것만 해도 좋겠다.
그 정도만 해도.

"읽다가 고이면 쓰기도 하고
읽다가 넘치면 노래도 하고"

주 계시길

시를 쓰고 노래를 부르며
사소한 순간에 담긴 언어를 느끼고
조금만 더 덜 무심하도록
조붓한 내 시선 속에 주 계시길.

골목길을 돌아 나가다
키 작은 행복을 다시 만나게 될 때는
조금만 더 더 감사하도록
우둔한 내 시간 속에 주 계시길.

만나고 헤어지는
떠나고 돌아오는
그 수많은 오름과 내림들 속에
천천히 쌓여가는 시간이 자라나듯
나도 조금씩 자라 오르길.

내 사는 일 가까운 거기에
오늘도 작게 반짝이는 은혜와 함께
조금만 더 더 의미 있도록
비좁은 나의 삶 속에 주 계시길.

마음속 길은

과연 길이 있으려나
너무 걱정하지는 말거라.

길은
마음속에서 먼저 끊기는 거니까.

나를 믿어준다는 말

나를 믿어준다는 말은
자만심과는 크게 다르단다.
자만심은 정작 자기는 아무것도 하지 않으면서
그저 막연한 호언을 일삼는 마음이지.

반면 나를 믿어준다는 것은
나를 믿기 어려운 상황에 놓였을 때 하는 말이란다.
나를 믿어준다는 말속에 이미
나를 믿기 어려운 상황이 전제되어 있지.

거듭 실패하니 나는 안 될 것만 같고
자꾸만 숨이 턱 밑까지 차오를 때…
그때 나를 향해 던지는 격려와 용기,
그게 바로 나를 믿어준다는 말인 거지.

그건 평탄한 길에서 부르는 노래라기보다
비탈에서 신음처럼 새어 나오는 말에 가깝다.
그러니 딸아, 너 자신을 믿어주렴.

나의 결심

나는 실망은 하지만
절망은 하지 않는다.
그게 나의 결심이다.

견뎌내는 것

견뎌내는 것.

그것은 인생을 건너는 데 있어
가장 중요한 단어 중 하나다.

네게 나는 무엇이냐

생업이 있고, 직업이 있으며, 천직이 있다는데
그중 어떤 것이 더 귀하고
어떤 것은 그것만 못하다 이야기할 수는 없겠고
또 그래서도 안 될 것이다.

다만 본래부터 생업이고, 직업이며, 천직인 일이
따로 있는 건 아닐 텐데,
내가 마주하고 있는 그 일이
생업인지 직업인지 천직인지
그 시선, 그 마음먹음에 따라
내 안의 행복만은 천지 차이더라.

올해로 28년 노래하며 살아왔지만
때로는 내게 이 일이 생업이었고
때로는 직업이었고 또한 천직이었다.

아직도 그런 기초적인 문제를 풀지 못했느냐

누군가는 흉 같은 것을 볼 수 있겠으나

요사이 내 일이 내게 자꾸 말을 건다.

네게 나는 무엇이냐고

더 행복해야 하지 않겠느냐고.

말 매무새

말에도 매무새 같은 게 있는 거야.
옷 입는 데 있어서처럼 말이지.

어질러진 마음은 말 위에 말갛게 비치고
결국 그 말들이 내 주변을 다시 어지럽히니
규모와 정갈 같은 품새가

말 속에 남아 있도록
수시로 돌아보고 또 고쳐 매야 한단다.

거울을 들여다보는 것과
하나 다를 것이 없는 거지.
하나도 다를 것이 없는 거야.

숨는다는 헛일

그 옛날, 처음 사람이 하나님의 뜻을 거스르고 취했던
첫 번째 행동은 바로 '숨는 것'이었다.

실상 숨을 수도 없고
숨겨질 수도 없는 그분으로부터
숨어 보겠다는 시도는
마치 얼굴을 벽 속에 들이밀고
자신은 숨었다 생각하는
강아지와 다르지 않을 것이다.

그러니 지금 누구에게서 숨으려 하는 것인지
다시 한번 생각하고
그 헛일에 자신을 맡기지 말거라.

나는 그분 안에 속속들이 비치니
그냥 솔직하게 그 앞에 서는 게
말 그대로 상책이니라.

"여호와 하나님이 아담을 부르시며 그에게 이르시되
네가 어디 있느냐 이르되 내가 동산에서 하나님의 소리를 듣고
내가 벗었으므로 두려워하여 숨었나이다"
창 3:9-10

사람들이 너를 칭찬하기 시작하면

사람들이 너를 칭찬하기 시작하면

거기서 나오너라.

가능한 한 잽싸게.

이거는 그냥 닥치고 내 말대로 하거라.

애굽이 당기는 힘

자고로 애굽은 뛰쳐나와 줘야 맛이다.

그런데 여기에는 문제가 하나 있는데,
거길 나오면 바로 광야가 기다린다는 거다.

그래서 못 나온다.
그래서 묶인 채로 산다.
차라리 어제처럼 산다.

애굽은 뛰쳐나와 줘야 맛인데 말이다.

여독

여독(旅毒),

여행으로 말미암아 생긴 피로나 독.

생각할수록 기발하다 싶은 단어 중 하나다.

대부분의 사람이 떠나는 것을 꿈꾸고

심지어는 여행 자금을 마련하려고

일한다는 사람까지 있지만

정작 그 여행이 건네는 것 중에는

소위 이 여독이 있기 마련이다.

항공기 제조사의 기술력은 놀라워서

일반석에서는 어떤 자세를 취해도 불편하고

집 떠나면 고생이라는 만고의 진리는

아름다운 풍광이나 좋은 만남 중에도 여지없으니

돌아온 뒤에는

어떤 방법으로든

일종의 해독 작업 같은 것을 해야만 한다.

이렇듯 세상 좋아 보이는 것에도
독이 있기 마련이고
반면 마냥 좋지 않아 보이는 것 속에도
약이 있기 마련이니

약과 독을 다루는 일은
의료와 관련된 일만이 아니라
우리 일상 속에서도 매우 중요한 덕목일 테다.

이 일을 아무에게도 말하지 말라

이제는 시간이 충분히 흐른 일이고
일종의 자기과시 같은 곁길로 흐르지 않을 듯도 하며
어딘가 적어두고 새겨두면
내게도 작은 유익이
있겠다 싶은 마음에 적어본다.

이 일은 적어도 7, 8년 전의 일인데
나는 연일 계속되는 집회에 지칠 대로 지쳐 있었다.
특히 그날 일정은 어느 정도였는가 하면
오전에 부산에서 올라와서는
바로 인천공항을 통해 미국을,
그것도 2박 3일 사이에 다녀와야 하는 상황이었다.
거기에 가벼운 몸살기까지 겹쳤으니….

인천공항으로 차를 몰고 가는데
입에서 자꾸 푸념이 솟았다.

주님, 저 얼마나 피곤한지 아시죠?
저 오늘 진짜 힘들어요.

물론 제가 잡은 일정인 건 알아요.
하지만 제가 그곳에 가면 주님께도 좋은 점이 있지 않을까요?
그러니까 주님, 저 오늘 자리 업그레이드해주세요.
(항공사는 실적이 괜찮은 사람을 이코노미 좌석에서
비즈니스석으로 올려주는 경우가 있다. 물론, 정말 드문 일이다.)

제가 항공사 직원한테 사정도 안 할 거고요.
한 마디도 안 할 거예요. 그러니까 주님이 해주세요.
저 진짜 힘들어요. 네?

지금 생각해보면 그런 기도를 하면서
공항을 나가는 내 모습이
어리석고 우스워 보인다.

여하튼 공항에 도착했고
기대하는 마음으로 수속을 밟았다.
그리고 직원이 티켓을 건네준다.

두둥….

이코노미 클래스였다.

그 자리에서 게이트까지
응석에 푸념에 원망에
할 수 있는 것은 다 섞어가면서 걸었다.

내 이럴 줄 알았다니까
조금만 도와주시지. 아… 정말.

게이트에서 비행기에 오르려고 티켓을 내밀자
직원이 갑자기 내 티켓을 가져가서는
다른 티켓으로 바꿔준다.

이럴 수가,
비즈니스 클래스 티켓이다.

오 세상에…. 얼마나 마음이 좋던지,
비행기를 타면서
그렇게 기분이 좋았던 적도 없었으리라.

그러는 사이
그러니까 비행기가 이륙 준비를 거의 끝내는 동안
나는 또 다른 내 모습에 흠칫 놀랐다.

두세 시간 사이에 있었던 그 일들을
조립하고 마감질하면서
좀 더 단단한 이야기로 만들고 있었기 때문이었다.

누가 시킨 일도 아닌데
자동으로, 소위 무의식적으로
이제 미국에 도착해서
이 이야기를 어떻게 시작해서
어떤 과정을 거쳐 이러저러하게 결론을 내리면
사람들이 좋아하겠구나 싶은
일종의 계획 같은 것이
일목요연하게 떠올랐다고나 할까?

그런데 그때 또 다른 생각이 마음을 스쳤다.
그리고 나는 그것이 주님의 마음이 아닐까 생각했다.

아버지가 어느 날,
많은 자식 중에 한 자식이
그날따라 안쓰럽고 힘겨워 보여
그를 은밀히 데려다가 특별한 선물을 주었을 때
그 아들이 당장 다른 자식들에게 달려가
'아버지가 이렇게 해주셨다,
아버지는 정말 좋으셔' 하고
자랑부터 한다면
그게 과연 아버지를 영광스럽게 하는 일이겠느냐?

이 부분에 각기 다른 생각이 있겠지만
그때 내 안의 대답은 너무나 선명했다.
'아니요!'

그 상황에서
그저 아버지의 선물에 감사하고
무엇보다 그 선물에 만족하고
조용히 그 선물을 누리면 되는 거 아니겠는가.

나는 후에
그 어떤 집회나 설교나 글에서도
이 이야기를 하지 않았다.
이제 와 적어두는 이유는 위에서 밝혔다.

우리는 간증의 홍수 속에 살아간다.
그런데 간증은 늘 사려 깊어야 한다.
어떤 사람에게는 불행이
자신의 삶이나 잘못과는 상관없이
저항할 수 없는 크기와 밀도로 밀려온다.
그리고 좀처럼 거기서 헤어나올 방법을
찾지 못하고 오랜 시간이 흐른다.

그래서
하나님과 자신 사이에
뭔가 감사하고 놀라운 일이 있다고 해서
일단 말하고 볼 일은 아니다.
정 말해야 한다면 세심하고 섬세한
준비가 필요하다.

모두들 저마다의 힘겨움이 있고
위로가 필요하니까.

그리고 지금도 주님은 선하시니까.

말하려거든 사려 깊게 하고
아니면 그냥 하지 말자.

"예수께서 아이의 손을 잡고 불러 이르시되
아이야 일어나라 하시니
그 영이 돌아와 아이가 곧 일어나거늘
예수께서 먹을 것을 주라 명하시니 그 부모가 놀라는지라
예수께서 경고하사
이 일을 아무에게도 말하지 말라 하시니라"(눅 8:54-56).

한 걸음

천 보, 만 보… 그렇게
저기 앞의 일을 너무 앞서 걱정할 필요는 없어.
지금 딛는 한 걸음, 실은 그게 다야.
한 걸음 한 걸음 걷다 보면
천 보도 만 보도 돼 있을 테지 뭐.

지난날은

지난날은
걸어놓은 액자 같은 거란다.
늘 무심히 지나다 문득 만나는 아련한 감동 같은 것이지.

그것은 분명 산 것은 아니야.

그러니 그 앞에 마냥 주저앉아 있다거나
늘 그것들을 뜯어 먹으며 살 것처럼 지내서는 안 돼.
그게 기쁨이든 슬픔이든 혹은 소소한 영광이든
그것은 이미 산 것이 아니니.

편견이 노리는 것

나의 편견이라는 덫이

웅크린 자세로 노리고 있는 사냥감은

바로 나 자신이다.

이건 거의 늘 그렇다.

회복 전에 오는 것

긴 여정,

늘 고된 운전,

새벽녘 집에 도착해 쓰러지듯 잠들었지만

나답지 않게 깊이 자고 일어나니

다시 나설 만한 몸이 준비되어 있다.

건강의 다른 말은 회복이다.

회복의 다른 말은 감사일 테다.

회복의 현재 의미

본래 상태로 돌아가는 것만이
회복은 아닐 거야.
세상엔 되돌릴 수 없는 일도 많으니까.

되려
지금 네가 선 자리를 가지런히 하는 것,
이제 막 디딜 한 걸음을 소중하게 대하는 것,
거기에 회복이 있을지도 몰라.

지나보면 그게 회복이었다고
여길지도 몰라.

마음의 건강

빠른 회복이 몸이 건강하다는 중요한 증거이듯

마음도 마찬가지란다.

휘청하고 삐근하다가도 빨리 제자리로 돌아와서는

좋은 균형, 그 지점을 찾아낼 수 있도록

그럴 수 있도록

마음의 건강도 길러두어야 하는 거야.

문턱을 넘으며

슬슬 보다는 조금 빠른 속도로 걸어 나왔습니다.
후회 같은 거는 없겠지…
저 뒤에서 누군가 물어오는 듯할 쯤에는
속 어딘가가 두어 번 찌릿했습니다.

문턱을 넘어 나오니
마음이 가붓합니다.
균형감 같은 게 찾아옵니다.
내게 익숙한 리듬입니다.
내게 친근한 바람입니다.

그렇게 과욕으로부터 나왔습니다.
또 하나 배웠습니다.

세상은 은혜

살면서 그렇게 많은 헛소리와
되지도 않을 장담들
그리고 아는 척을 했음에도
내가 이만큼 이해받으며 산 거 보니
세상은 은혜다.

그렇게 생각하니 진짜 그렇다.

"무엇을 적는다는 일은

참으로 놀라운 일이란다.

어느새 내가 종이 위로

옮겨가게 되니 말이다."

적는 일

안으로부터
무언가가
넘치거나
고이거나
혹 무너질 때
그때는, 종이 위에 적어보거라.

그러면 네 넘침과 고임이
그리고 무너짐이
그 종이 위로 건너와서는
이전보다 의미 있는
무언가가 되어 있을 것이다.

무엇을 적는다는 일은
참으로 놀라운 일이란다.

어느새 내가 종이 위로
옮겨가게 되니 말이다.

절망이 익어야만 보이는 것들

우리가 따르는 예수의 길은
종국에는 희망을 다루는 길이겠으나
또한 선명한 절망을 뒤춤에 감추지도 않는다.
시편 속에 담긴
그 많고 많은 탄식들만 봐도 쉬이 알 수 있다.

희망은 그것을 찾아 떠나야 하고
절망은 스스로 우리를 방문한다.
희망은 일종의 바람이고
절망은 늘 살결 같은 실물이다.
희망은 흐릿하고 절망은 또렷하다.

이래저래 하면 절망이
금세 희망으로 바뀔 것이라는 충고를 줄이자.
그건 시간과 과정이 늘 필요한 일이니
자기도 잘 모르는 훈수들을 줄이고

그냥 그의 절망, 심지어 내 안의 절망들이
희망으로 건너가는 그 지난한 과정들을
기다려주고 또 함께 기도해줄 일이다.

집에 돌아온 아들을 반기는 잔치는
떠나고 돌아오는 과정
그리고 그사이 촘촘한 절망들을
품고 있기에 가능한 일이었을 것이다.

보름의 달

우리가 네게 가닿는 빛을
한 점도 가려서지 않으니
네 모습이 고스란히 예쁘구나.

그렇지, 나로 인해
네가 가려지는 일은 늘 많이 있지.
그래, 늘 많이 있어.

생명, 그 경이로움

계절을 따라 마르고 더욱 굳어져
촉촉함이라고는 하나도 없을지도 몰라.

그런데 말이다.
네가 들에 심겨져서는
그 속 어딘가에서 썩어지잖아?

그러면… 그러면
정말이지 놀라운 일이 시작될 거야.

아마 깜짝 놀라게 될걸?
생명이란 그런 거란다.

왼손에게

순간 실수로 왼손 검지 끝을 살짝 베었다.
'그래도 오른손이 아니라 다행이야' 했다.

그런데 지내다 보니
왼손 검지가 어딘가에 닿을 일이 생각보다 많다.
그래서 거푸 움찔한다.

왼손도 뭔가에 이렇게 끊임없이 닿으며 살아왔구나,
생각에 이르니
그나마 오른손이 아니라 다행이라고 했던 생각 때문에
살짝 미안해진다.

부지불식간에 끊임없이 도움을 주지만
잘 느끼지 못하는 일들이 이것뿐이겠는가.
(나의 왼손 고마워.)

생각해보니
오른손 베일 일은 적은 것 같다.
그 친구는 언제나 칼자루를 쥐니까.

칼자루 쥔 오른손을 소리 없이 돕다가

왼손이 늘 봉변을 당하게 되는 거지.

5장

다른 해석도 가능하다

그냥 논리적인 글만으로는

당최 그것을 모두 담아낼 길이 없으니

인생, 그것을 그릴 때 우리는

시를 쓰는 것이란다.

거기서 차이가 나온다

부자 되려고
예수를 믿는 사람들은
실패할 것이다.
너와 나의 주님은 어느 날
이런 말씀까지 하신 분이기 때문이지.
"얘들아, 우리에게는 오늘 밤 잘 곳이 없구나."

건강해지려고
예수를 믿는 사람도
실패하게 될 거야.
건강은 손안에 쥐고 있을 때에만 그의 것이니까.
그 허술한 한 줌 사이로
어느덧 쉬이 빠져 흘러나가는 것이 건강이란다.
마치 흐르는 시간을 잡을 수 없는 것과 꼭 같지.

모든 일이 뜻대로 잘되게 하려고
예수를 믿는 사람도
실패하게 될 거다.
실상 모든 일이 뜻대로 잘되는 일은

그리 좋은 게 아닐 거야.

매사가 그렇다 할 수는 없겠으나
우리네 삶 대부분의 과정에서
일이 자기 뜻대로 되었다는 것은
곧 다른 누군가의 뜻이 좌절되었다는 의미이기도 하지.
그러니 모든 일이
내 뜻대로만 되는 세상은
매우 어그러진 세상일 거다.

너와 내가 여기 살면서
부자일 수도, 가난할 수도
건강할 수도, 많이 아플 수도
뜻대로 될 수도, 안 될 수도 있는 거란다.

그럼 예수는 우리가 살아가는 데
무슨 효험이냐고?

그건 바로 '해석'이지.

부자로 살든, 가난하든
건강하든, 약하든
뜻대로 되든, 그렇지 않든
그 어떤 상황에서든 그 상황을 읽어내는 힘
그게 해석이고, 믿음인 거야.

거기서 어마어마한
차이가 나온단다.
실로 어마어마한.

무대 위를 일상처럼

무대, 그 위에서의 시간은
길어야 두세 시간이란다.
나머지는 모두 그 아래,
바로 일상의 시간인 거지.

그러니 일상을 무대 위에서처럼 살면
균형 같은 게 쉬이 무너진다.
오히려 무대 위를 일상처럼 살아야 하는 거지.
건강하게 살아야 하니까.

십자가 대화

사랑이라니 사랑이라니
우린 여기 있는데
시린 맨발 같은 날들의 한 가운데
그게 다라니, 그게 다라니.
지난 광야의 기억
아직 계속되는 아득한 날들.

당신도 알지 않나요.
끝없이 밀려오던
그 절뚝대는 셀 수도 없던 사연의 눈빛을.
함께 만났었죠.
사면에 빼곡하던 목마름들을
내일을 잃은 그 많고 많던 텅 빈 오늘들을.

친구를 위해 목숨 버릴 때
그는 참 친구라네.
나는 이를 위하여 여기에 왔으니
작은 씨앗이 썩어 죽으면 다시 열매 되듯이
나는 그렇게 죽고 다시 산다네.

그대도 알지 않는가.
그 많은 기적들이
인생과 그의 어둠을 환히
밝힐 수 없음을.
굳어져 엉켜버린 딱하디 딱한
그들의 욕심과 서로를 향한 그 비릿한
증오와 이기심.

오직 사랑만이 사랑만이
절망을 꺾고 죽음을 녹여
희망을 만드는 힘.
언젠가 알게 되리.
나 여기 십자가에 매달려
시작한 이 일 그대 가슴에 가득할 그때쯤.

그 아이가 자꾸만 울었어요

분당 모 교회에서 진행하는
장애인과 그 가족들 모임에 갔었어요.

맨 앞자리에, 장애가 심해 보이는 여자아이가
한 명 앉아 있었지요.

나 어디 거할지라도 주 날개 나를 지키네. …

노래가 한 곡 한 곡 후반을 향해 갈 때쯤
그 아이가 자꾸 울었어요.
빨갛게 물든 커다란 눈망울이 흔들거리더니
울음 같은 게 흐르기 시작했어요.

깊은 겨울 새벽녘, 아직 사방은 어둔데
밤새 식은 전동휠체어 내 어머니….

노래할 때 감정을 너무 섞지 말자는 생각도
노래하며 울지 말자는 다짐도 그냥 무너져 내렸어요.
그 아이가 자꾸 울어서요.

내가 노래하듯이 또 내가 얘기하듯이 살길,
난 그렇게 죽기 원하네. …

내가 노래를 한 건지, 같이 운 건지…
20여 년 노래하며 그런 날은 처음이었습니다.

그 은혜가 내게 족하네, 그 은혜가 족하네.

가끔 지금도 그 아이 얼굴이 떠올라 노래하다 울컥합니다.
그 분홍색 눈망울이 떠올라서요.
누군가를 울리는 노래를 하고 싶진 않습니다.
하지만 그렇게 서로의 속에 쌓인 진물 같은 것이
밖으로 흐르게 하는 일을 작게라도 돕고 싶긴 해요.

오래오래 기억될 거예요.
그리고 그 기억이 떠오르면 다시 자세를 바로잡게 돼요.
왠지는 아직 잘 모르겠지만요.

너를 주신 이유

나로 시작해서 결국 나로 끝나는 것이 인생일 테지.
허나, 나로 시작해 나로 끝나서만은 안 되는 것이
또한 인생일 거야.

그게 너를 주신 이유 아니겠니.

기뻐하기로 하다

기쁜 날이 따로 있는 것이냐.
아니면 기쁨을 향해 마음을 먹는 것이냐.

"둘 다 같습니다."

네 말이 맞다.
그런데 묘한 것은
사람은 실은 기쁜 날
슬퍼하기로 마음먹을 수도 있고
실은 슬픈 날
기뻐하기로 마음먹을 수도 있더구나.

나의 또 다른 쓸모

다 쓰이고 여기 버려진 그가
기대어 잠시 쉬어 갈 수 있게.

그는 그럴 자격이 충분하니
다 쓰이고 버려진 그니까.

그래야 하는 이유

"요즘도 음반이 나가나요?"

새 음반을 만들고 있다는
나의 말에 선배 목사님이 하신 질문이다.
궁금함 속에 약간의 염려도 담긴
진심 어린 질문이었다.

제가 좋아하고
또 해야 할 일이니까요.

그렇게 답했다.
음반을 내야 할 작은 이유가
그렇게 오늘 하나 더 늘었다.

노래 생각

강승원이라는 음악인의 노래를 들으며
이런저런 생각에 잠긴다.

노래를 잘한다는 것은 무엇일까?
지극히 개인적인 나의 생각이니
생각의 경도 따위는 따지지 말고
지구별 어딘가에 이런 인간도 있구나 하세요.

노래를 잘한다는 것은 무엇일까?
노래를 잘한다는 것은
듣는 이들에게 그 노래가 들리게 하는 일이다.
지금 자기 노래를 듣는 이들에게
비로소 그 노래가 들리게 해준다는 말이다.

노래가 잘 들리게 한다는 말은 무슨 의민가?
갈수록 더 애매하게 들릴지도 모르겠으나
그것은 노래와 청중, 그사이에 함부로 서지 않는 일이다.
노래와 청중 사이에 서서
그가 가진 자잘한 재주들을 늘어놓는 것이 아니라는 말이다.

그는 무대 위에 노래만이 남아 있게 한다.
최소한 가수보다 노래가 더 빛나게 한다.
마치 청중 가운데 한 사람처럼 노래한다.
우리 사이 누군가가 노래하는 것처럼
그렇게 노래와 함께 걷는다.

그렇다면 노래와 함께 걷는다는 말은
무슨 말일까?

나도 모른다.
나는 하수라서
더는 모르겠다.

내 몫

수십만 보,
천만 보는
내 영역이 아니더라.

하지만 다음 한 보는
오롯이 내 몫이더라고.

단맛 그리고 쓴맛

딸아이는 콜라를 시키고 아빠는 블랙커피를 주문했다.
"은서야, 희한하지? 나이가 들면 쓴 게 땡긴다."
뭔 말인지 못 알아듣는 눈치다.

당연히 그럴 테지.
주말 아침 길,
아빠는 쓴맛, 딸은 단맛을 느끼며 걸었다.
나름 서로 만족하며.

마시는 일에도 인생은 있다.

위로를 닮은 향기

일주일을 지나 집에 돌아오니
나 없는 사이 부지런한 라일락들이
그이네 향기를 온 동네에 뿌려놓았다.

가난한 사람에게도
외로운 사람에게도
즐거운 사람에게도
마음 상한 사람에게도
어른에게도
아이들에게도.

향기는 낯가림 같은 것이 없으니
그것을 누리고 아는 사람에게는
그야말로 하늘의 선물이다.

무더운 여름
잘 견뎌내라고 온 마을에 가득히 내려앉아서는
위로 같은 향기를 밀하게 밀하게 뿜어내니
창을 열어놓기에 참 좋은 시절이다.

하나님이 안 계신다면

명절, 어찌 보면 으레 오가는 그 길.
가족이 모이면 사연이 모이고
사연이 모이면
그 사연이 품고 온 아픔도
함께 모여든다.

그 길을 오가다
옆자리에 앉은 아내에게 한 마디 건넸다.
"여보, 정말이지 하나님이 안 계신다면,
인생에는 희망이 없는 것 같아."

아내가 답한다.
"그래, 맞아. 정말 그래요."

사람 안에 있는 것

내가 참 좋아하는 말이 하나 있어.

사람은 사람이어서 자기 살기 위해 남 죽일 궁리를 하지만,
또 사람은 사람이어서 남 살리기 위해 자기 죽일 궁리도 한다.

이 말 참 맞는 것 같아.
더불어 산다는 일 말이야.
이렇듯 수없이 껄끄럽다가도
순간 마음 어딘가가 울컥해오고는 하잖아?

쓰디 쓴 단어들만 많은 것 같다가도

마중, 배웅, 엄마, 동정, 감동, 위로, 함께, 용서…

그리고… 사랑.

이런 말들을 만들어낸 것을 보면,

그런 걸 보면,

사람 안에는

그 안에는

무지 고운 무언가가 있는 거야.

공짜는 없지만…

세상에 공짜는 없다.
살아보니 이 말은
격언 중에 격언이다.
정말이지 딴딴한 말이다.

그런데
아니, 이럴 수가.
아침이 내게 거저 왔다.

시를 쓰지

그냥 논리적인 글만으로는
당최 그것을 모두 담아낼 길이 없으니
인생, 그것을 그릴 때 우리는
시를 쓰는 것이란다.

오늘은 이 사진이 마음에 든다

글도 안 읽히고
딱히 떠오르는 일도 없을 때
아니, 아무것도 하고 싶지 않을 때
찍어놓았던 사진들을 뒤적인다.

파일로 남겨진 사진은 바래지 않는다.
다만 그 시간과 추억만이 옛 빛이다.
그러다 마음에 드는 사진이 있으면
한참을 쳐다본다.
그게 어떤 거리였고 누구와 함께였고
어디를 향하고 있었는지….

오늘은 이 사진이 마음에 든다.
왜인지는 모르겠다.
아무래도 한동안 찍지 않은
사진이란 걸 다시 해봐야겠다.

후에 어느 날 지금처럼 들여다볼 수 있게 말이다.

지금의 여긴 어떤 거리였고

누구와 함께였고

또 어디를 향하고 있었는지 생각해보도록.

여기가 집입니다

"고단하겠구나. 가서 좀 쉬어라."

먼 길 다녀온 아들에게
아버지는 그저 그렇게 말해주셨습니다.

무슨 일이 있었는지
누구를 만났는지
어떤 어려움이 있었는지
무슨 이야기를 나눴는지….

궁금한 것도 많고
나누고 싶은 이야기도 많으실 텐데
아버지는 그저 쉬라 하셨습니다.

여기가 집입니다.
어떤 일을 해냈는지
성과는 무엇인지 먼저 묻지 않는 곳.

고단한 길을 마치고 돌아온 가족에게

말해주세요.

고단할 테니 먼저 좀 쉬라고요.

세상에 이런 곳은 더 없으니까요.

일상 예술가들

문영여고 채플에 다녀왔습니다.
강당 풍경은 우리 시절과 달라진 게 별로 없어서
더운 날씨에 공기는 후텁지근했고
지도 선생님은 아이들을 통솔하느라
딱딱하고 커다란 말투를 쓰셨죠.

중고등학교 채플에 가는 일은
흔치 않습니다.
그만큼 부담이 크기도 하고요.
며칠 전부터 기도가 솟더군요.

하지만 생각 외로 아이들은
아저씨 이야기와 노래를 진지하게 잘 들어주었고
노래하기도 참 편했습니다.
고마운 일입니다.

예배를 마치고 돌아오는 길에
강단 옆에서 프레젠테이션을 담당했던 학생이
종이에 그린 그림 한 장을 전해 주었습니다.
예배 중 짬짬이 나의 뒷모습을 그린 멋진 그림이었습니다.

볼펜으로 그렸다는데
그림에 '그' 자도 모르는 내가 봐도
수정 한 번 없이
서성임도 없이 흘러내렸을 볼펜을 생각하면

참으로 놀라운 그림이자 마음이었습니다.
미술을 전공하는 친구도 아닌 듯했는데 말이죠.

그래도 괜찮을 것 같아
그림에 적힌 이름도 함께 싣습니다.

문영여고 2학년 강고운,
정말 고마워요.
그리고 너… 놀랍다.

세상 곳곳에 숨겨진 예술가가 참 많습니다.
그들에게 굿모닝.

어떤 기억

열심히 했지만
결국 안 되는 일도 있다.

하지만
열심히 살았다는 기억,
그것만큼은 뺏을 수 없다.

우린 서로 달라

자세히 들여다보지 않으면
알 수 없을 만큼의 크기로
우린 이렇듯 서로 다르답니다.

평소에는 차가운 쇠뭉치에 불과하나
어느 순간 필요할라치면… 그럴 때면
우린 모두 저마다 그야말로 요긴해지지요.

쏘옥 하고 맞아 들어가는 날이면
누군가의 커다란 수고를 덜어준다는 것,
겪어본 사람은 알 겁니다.

자세히 들여다보지 않으면
알 수 없는 만큼의 크기로
우리 서로 달라.
저마다의 모습으로
우린 또한 요긴합니다.

"저마다의 모습으로

우린 또한 요긴합니다."

작곡 강의

주제 넘는 일이라는 생각은 들지만
곡을 만드는 것에 관한 강의를 의뢰받는 경우가 있다.

곡을 쓰는 일이
여전히 무엇인지 잘 모르겠다는
자기 이해를 갖고 있는 나로서는
늘 막연하게 느껴지는 의뢰지만
"곡을 만든다"라는 주제를
내 안에서 조금씩 정리해볼 기회인 것 같아
수락하고 준비해 나서고는 한다.

그리고 나 자신에게도 적잖은 도움이 되는
질문 하나를 생각해냈다.
수강생 중 한 명을 일으켜 세워 이 질문을 던진다.

"앞으로 국제 경제의 동향을 어떻게 보세요?"

일어난 사람은 얘기치 않은 질문에 당황하고
대부분 머뭇거린다. 당연한 일 아니겠는가.

"여러분 중에는 물론 경제학을 전공했다거나
그 분야에 적지 않은 식견을 가진 분도 있겠지만
일반적으로 세계 경제를 향한 우리의 견해를
그 가치에 따라 등수로 매긴다면 전 세계에서 몇 등이나 할까요?"

이쯤 되면 사람들의 표정은
여기가 과연 작곡 클래스가 맞는가 하는 쪽으로 넘어간다.

"아마도 저를 포함한 여러분이 내놓을 수 있는
의견은 긍정적으로 봐도 4천만 등 정도 되지 않을까요?
말하자면 등수로는 별 의미가 없다는 뜻이겠지요.
그럼 질문 하나 더 드려볼게요.
만일 주제가 세계 경제가 아닌 여러분의 어머니라면
그때는 여러분이 가진 정보는 어느 정도의 가치가 있을까요?
바로 이 점이 중요합니다.
무슨 이야기를 할 것인가, 무엇을 담을 것이냐는 대목에서
남의 이야기를 따라 하는 것이 아니라
내 이야기를 시작하는 것,
거기서부터 곡이 시작되면 좋겠다는 말씀입니다."

작은 이해가 공간으로 번진다.

이 질문은 수강생들을 향한 질문이기 이전에
오늘도 나 자신을 위한 질문이기도 하다.
곡을 만들고 그 곡을 노래하며 사는 삶을
나의 삶이라 생각하니까.

좋은 아침

누가 내 어깨를 토닥토닥 밀어주길래
돌아보니 아침이었다.

좋은 아침.

큰 위로

집회 마치고 나오는 길에

귀여운 여학생이

겹으로 접은 쪽지를 수줍게 건넨다.

안에 적혀 있는 글씨가

또렷하고 과분하다.

이 아저씨에게

큰 위로가 되었다고 전하고 싶다.

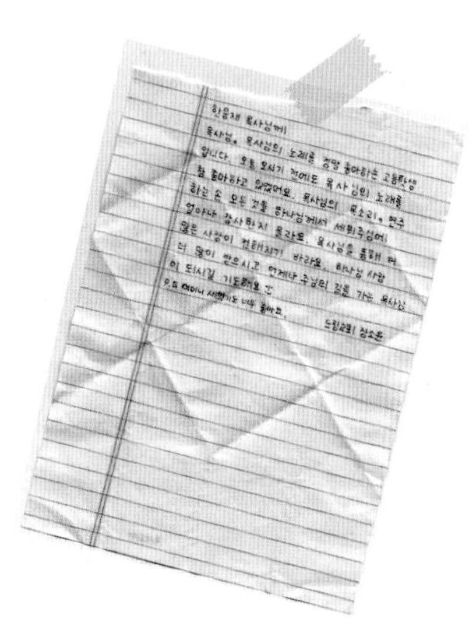

한웅재 목사님께
목사님. 목사님의 노래를 정말 좋아하는 고등학생
입니다. 오늘 오시기 전에도 목사님의 노래를
참 좋아하고 있었어요. 목사님의 목소리, 연주
하는 손 모든 것을 하나님께서 세워주심에
얼마나 감사한지 몰라요. 목사님을 통해 더
많은 사랑이 전해지기 바라요. 하나님 사랑
더 많이 받으시고 언제나 주님의 길을 가는 목사님
이 되시길 기도할게요
P.S 어머니 사랑가도 너무 좋아요.
드림교회 정소윤

오히려 흔들리며 가는 길

흔들리지 않는 신념을 경계하거라.
묻고 회의하고 흔들리며 가는 편이 더 좋다.
흔들거린다는 건 살아 있다는 증거니.

다 내 세상

집토끼로 살던 시절엔
때마다 그들이 밥을 넣어줬지만
내게 있어 세상은 우리 그 안이 다였다.

우리를 나와 산토끼로 살아가니
양식은 나와 하늘의 문제이고
내가 지내던 우리만 빼고
다 내 세상이더라.

아침생각

뭔가 창작해야 하는 사람에게는
끊임없이 해야 할 세 가지가 있다.

읽기,
생각하기,
스스로 자신을 돌아보기.

맵지가 않더라

너희는 하늘을 가려도

맵지가 않더라.

틀릴 수 있는 자유

컴퓨터 자판에서
가장 중요한 키를 하나 고르라면?
이런 말도 안 되는 질문을
나 자신에게 던져 봤다.

'딜리트'(delete)가 떠올랐다.
이건 말이 되는 것 같다.

딜리트는 자신 외에
모든 자판에 자유를 주니까.
틀릴 수 있는 자유,
다시 도전할 수 있는 자유.

좋은 연주는 좋은 해석에서

매미가 울던 자리에서
귀뚜라미가 노래합니다.

이렇다 저렇다 말이 많아도
시절은 악보 같아서
한 마디 한 마디 그 고유의 박자를 따라
진행되니까요.

《일상, 위로》라는 책과 음반을 내며
이 두 단어를 영어로 표현해보고자
주변에 조언을 구하기도 하고
스스로 찾아보기도 했어요.

그러다 만난 단어가
바로 '루틴'(routine)입니다.
음악을 하며 자주 사용했던 단어인데
일상을 표현함에
그 단어를 쓸 수도 있다는 것이
살짝 인상적이었죠.

루틴,

규칙적으로 하는 일의 통상적인 순서와 방법.

맞습니다.

아무리 창조적인 삶을 살더라도

그 속에서도 일종의 루틴이

만들어지게 마련이죠.

그 순서를 다 마치면

거기쯤에서 끝나는 것이

음악이고 글일 것입니다.

결국 생은 반복이요,

순서입니다.

좋은 연주를 하려면

마디와 박자를 잘 읽고 해석해야 합니다.

그러니 계속 반복되는

마디나 박자를 탓할 것이 아니라

잘 읽고 잘 해석하는 것이
생이라는 한 편의 음악을,
삶이라는 한 편의 글을
잘 읽고 잘 듣고 잘 연주할 수 있는
상책 중 하나겠습니다.

진심은 이긴다

통해라.
제발이지 가서 통해라.

그렇게 독촉해도 꿈적 않던 진심이,
잊고 지내다 보니
이만큼 건너와 보니
그이 마음에 살포시 건너가 있더라.

오늘, 은혜

초판 1쇄 인쇄 2019년 8월 30일
초판 1쇄 발행 2019년 9월 6일

지은이 한웅재
펴낸이 최영민
펴낸곳 헤르몬
등록번호 제406-2015-31호 (2015년 3월 27일)
주소 경기도 파주시 신촌2로 24
전화 031) 8071-0088 팩스 031) 942-8688
이메일 pnpbook@naver.com

ISBN 979-11-87244-51-6 (03230)

■ 헤르몬은 피앤피북의 임프린트입니다.
■ 책값은 뒤표지에 있습니다. 잘못된 책은 구입하신 곳에서 교환해드립니다.